如何用设计思维创意教学：

风靡全球的创造力培养方法

[美] 约翰 · 斯宾塞 John Spencer
A. J. 朱利安尼 A. J. Juliani 著

LAUNCH: Using Design Thinking to Boost Creativity and Bring Out the Maker in Every Student

中国青年出版社
CHINA YOUTH PRESS
中青文传媒

图书在版编目(CIP)数据

如何用设计思维创意教学：风靡全球的创造力培养方法 / (美)约翰·斯宾塞,(美)A. J. 朱利安尼著；王頔，董洪远译.
—北京：中国青年出版社，2018.10
书名原文: LAUNCH: Using Design Thinking to Boost Creativity and Bring Out the Maker in Every Student
ISBN 978-7-5153-5236-7
Ⅰ. ①如… Ⅱ. ①约… ②A… ③王… ④董… Ⅲ. ①创造教育－研究 Ⅳ. ①G40-012
中国版本图书馆CIP数据核字（2018）第186940号

如何用设计思维创意教学：
风靡全球的创造力培养方法

作　　者: 〔美〕约翰·斯宾塞　A. J. 朱利安尼
译　　者: 王　頔　董洪远
责任编辑: 肖　佳
美术编辑: 杜雨萃
出　　版: 中国青年出版社
发　　行: 北京中青文文化传媒有限公司
电　　话: 010-65511270/65516873
公司网址: www.cyb.com.cn
购书网址: zqwts.tmall.com
印　　刷: 大厂回族自治县益利印刷有限公司
版　　次: 2018年10月第1版
印　　次: 2020年12月第5次印刷
开　　本: 787×1092　1/16
字　　数: 145千字
印　　张: 16
京权图字: 01-2018-1856
书　　号: ISBN 978-7-5153-5236-7
定　　价: 39.80元

谨以此书献给——

每一位不断探索、将创意引入课堂的老师；

每一位在创意之旅上指导学生并且支持创新的老师；

每一位正突破现状，培养未来一代创客的老师。

谨以此书献给我（A. J. 朱利安尼）的高中数学老师弗林先生，是他告诉我要去报名参加电脑编程课的（即使我之前差点挂了微积分课程）。谨以此书献给哈林夫人，是她为我挑选了阅读书目，进而使我的想象力得到了超乎意料的拓展。

谨以此书献给我（约翰·斯宾塞）中学时期“历史日”的顾问斯穆特夫人和丹诺先生，是他们看到了我身上富有创造性的地方，帮我找出了让我的创造力得以发挥的方法，永远改变了我的一生。

其实，身为运用设计思维的老师，我们是站在了巨人的肩膀上。像大卫·凯利和汤姆·凯利、蒂姆·布朗、罗杰·马丁、珍妮·利德特卡、前田约翰、苏西·怀斯、彼得·罗，还有其他许许多多的人，是他们把设计思维带到了商界、教育界，以及整个世界。他们用自己的辛劳，塑造了我们的生活；他们对设计思维的诸多贡献及流程创造，更是成就了这本书。

目　录
Contents

对本书的赞誉

这是每位关心教育的老师的必读书目。关于如何从内部重建学校，本书提供了颠覆你认知的观点，并且提供了路线图。

——博文集《别再偷走梦想》作者　赛斯·高汀

教育工作者及管理人员正意识到，21世纪的教育体制必须有所变革。相较于把学生视为被动的接受者、教育信息的消费者（这些信息还常常过时），我们更要把他们视为创造者、创新者、生产者。所有师生都能极具创意，每个人都能成为创客——这种理念和思维驱动着这场变革的前行。针对教育工作者要如何使用设计思维，将其融入到课堂教学策略当中，约翰·斯宾塞和A. J. 朱利安尼撰写了这本实用可行的指南。他们提出的利用设计思维创意教学框架将很有可能使课堂发生巨大转变——变得更具吸引力，更以学生为中心，以及最重要的一点，变得更有乐趣！

——教育技能学硕士学位项目在线教师　杰姬·格斯坦博士

在斯宾塞和朱利安尼的身上，大胆与务实并存。他们既挑战了传统课堂思维的现状，也手把手告诉读者，如何将设计思维运用在日常教学中。如果你已经准备好去了解所有儿童和老师的内在创造力，准备好用崭新的视角看待学习和教学，那么，你会从这本书中学到很多。

——大草原湖泊区域教育机构“学习、教学、创新”部门总监
斯科特·麦克劳德

每一个老师将会因阅读本书而大大激发自身创意。本书是关于设计思维教学实践的资源，提出了如何激发出学生内在的创客。本书将帮助教师实现以下目标：设计出能让所有学生思考的学习环境，并让学生充满创意。

——斯坦福大学设计学院K12实验室高级学习体验设计师
大卫·H. 克利夫德

对于那些重视学生在课堂上拥有选择和学习自主权的老师，本书向他们介绍了如何在课堂中实践设计思维教学法，从而使他们的教学理念得以实现。作者撰写本书，将为那些拥有创造力和冒险精神、渴望激发创新，且想跳出传统课堂实践进行思考的老师们赋能。

——小学老师、TEDx演讲者、创新顾问　凯拉·戴尔泽

约翰·斯宾塞和A. J. 朱利安尼合著的这本书，不仅能让学习真实发

生在你的课堂，还能帮助你创造自己梦想中的课堂。学习是非常重要的，而想要让学习真实发生，你需要创造力。这本书将为你提供指导。

——《重塑写作》作者，广播节目《每堂课都很重要》主持人
维姬·戴维斯

教师们急需本书让课堂焕发活力！对于那些想让自己的学生变得更具创造性、参与性、创新性的老师们，两位作者在书中提出了实用的方法、资源和技巧。任何老师——甚至是那些觉得自己没有创造性的老师——都会因作者笔下的个人故事和案例受到启发。

——教师培训师、《给老师们的30个挑战目标》作者
雪莉·桑切斯·特勒尔

如果你正在寻找一本书，寻求如何释放学生的创造力与创新力方面的建议，那么本书就是你想要找的书。

——伊利诺伊州年度优秀教师、《新教师革命》作者
乔西·斯塔芬豪斯特

在这个日趋互联的世界里，教育工作者们可能发现，自己正沉陷于各种新词的汪洋之中。虽然我们知道，创新与创造力是个好东西，但有时，我们很难找到一个切入点，将其整合到课堂之中。两位作者创作的这本书，为教育工作者们提供了一整套有关设计思维的可行步骤，与此同时，它还使一些常见的教育谬论不攻自破，扫清了成功路上的阻碍。

——EduMatch创始人　莎拉·托马斯

一份直面现实问题、内容高明、读者亟需的解决方案。一次趣味盎然、鼓舞人心的阅读体验。本书还提供了实用的备课建议，为课程的组织提供了很好的方法。

——CD Baby创始人、《你想要的一切》作者　德雷克·西弗斯

未来的GIP（Global Innovation Products，全球创新产品）依赖于越来越多的人去发展与分享他们的创造力。斯宾塞和朱利安尼在他们的新书中，慷慨地分享了一个协同创新模式，从而推动GIP的开发，并让我们的教育变得更好。对我来说，这本书既让人激动人心，又充满了富有实用性的方法。得益于作者分享的框架和材料，教育工作者在采取行动和实践时会感到力量十足。

——MViFi公司首席创新官　博·亚当斯

我们都希望自己的学生能够更有创造性，能够释放他们的内在潜能，能够在充满活力的团队中协同工作。但问题是，我们都不太知道究竟要如何去做。在本书中，斯宾塞和朱利安尼运用了引人入胜的文字和简易可循的提纲，把我们从乌托邦般的白日梦带到了现实。这个现实即是，学生可以真真切切地与世界分享他们的创意。我所认识的每一位创意十足的老师都在期待这样一本书。

——教师、博主　鲁瓦扬·李

这是一本尤为引人入胜的书，它可以帮助教师和学生在课堂上设计

创造性的学习体验，并让我们重新思考教育孩子的方法。它将改变课堂，改变学校，甚至很有可能改变世界！

——Modernlearners.com创始人　威尔·理查森

本书所提出的框架，将会引爆全球校园中的创意运动！这是一个实用且有价值的资源，它必定会释放我们所有学习者的创造力！

——《创造的世界》作者　劳拉·弗莱明

作为资深的教育工作者，约翰·斯宾塞和A. J. 朱利安尼在这本书中，展现出了他们强有力的观点和丰厚的专业知识，提炼出了既激励人心又意义非凡的实用建议。对于教育工作者和管理者来说，这是一本真正的必读书目。它为如何做出强有力的转变，以增强课堂学习的创造力提供了框架。

——白宫创新研究员　亚当·贝洛

“创造”和“创新”不是少数人的专属，而是每个人都应享有的机会。斯宾塞和朱利安尼做了一项了不起的工作：他们列举了切实有力的实例，使这一概念变得形象生动；同时，他们也通过讲故事的方式，让读者既能从书中受到鼓舞，又能有所收获。所有孩子带着好奇和创造力走进学校。这本书将确保学生能保持这些特质，并在他们毕业时，这些仍是他们突出的特质。

——《创新者思维》作者　乔治·库洛斯

对于任何一位想要改变课堂、想要把课堂变成一个重视学生创意和激情之所的老师来说，这本书都蕴含着巨大的能量。这是一本实用指南，它阐释了设计思维与项目式学习的重要观点，让孩子以不一样的方式进行创造、行动、反思、思考，并改变他们看待学校的方式。

——《建设学校2.0：如何建设我们所需的学校》作者　克里斯·莱曼

这本书将促使全体教育工作者换一个角度思考，即我们要如何把创造力和创新力带入课堂和学校。批判性思考和解决问题是所有儿童需要掌握的两项重要技能。读毕此书，你将对培养一代富有创造力的思想家重燃热情。

——获奖校长、作家　萨洛米·托马斯-EL

很多时候，关于如何将教学转变为探究式的学习，教师和管理人员拥有的是过于抽象和繁琐的资源。但本书却是一个例外，它阐明了设计思维是什么，让读者感到倍受鼓舞，并且宣告，“我能做到这样！”这本书适用于所有致力于为课堂注入更多创新和创造力的教育工作者。

——教学实践K-12主管、苹果杰出教育工作者　罗斯·库珀

在本书中，约翰·斯宾塞和A. J. 朱利安尼携读者开启了一场探索创新可能性的旅行，帮助我们理解了任意一个课堂可以怎样变身为充满发明和创新的地方。

——谷歌Project Zero项目总监、《参与式创新》作者　爱德华·克拉普

在此之前，我从未见过任何一本书可以像约翰·斯宾塞和A. J. 朱利安尼在本书中所做的这样，将“设计思维”完美地呈现出来。这本书应该成为每一位老师的路线图，辅助其将设计思维教学法引入课堂。这种帮助每个人理解、接受设计思维的方法既富有新意又充满智慧。在未来几年中也将是一个热点话题。干得漂亮，朱利安尼、斯宾塞！

——《培养摇滚巨星般的读者》作者　艾米·马斯科特

我们相信……

WE BELIEVE

我们相信，所有孩子生来就拥有创造力，每间教室里都应充满着创造和奇迹。

我们希望看到，老师们能够释放所有学生的创造潜力，这样，他们就能成为创客、设计师、艺术家、工程师。

我们知道，校园生活很忙碌，创造所需的材料很稀缺，创造流程也让人感觉似懂非懂，特别是现在，课程表还总是满满当当。于是，创造力成为了一个业余项目，一个只有在你有空时才会去做的拓展活动。可问题是，你总是没空。

我们能做得更好。

我们相信，创造思维同数学、阅读、写作一样重要。解决问题、做实验、将问题转变成想法，再转变成向全世界发布的真正产品，这其中充满了力量。学生们一旦把自己定义为创客、发明家、创造者，种种奇迹便将接踵而至。

这就是设计思维的力量。它可以为创造性工作提供框架，可以应用于工程、出版、商务、人文等诸多领域，可以用于非营利事业和社区工作，以及——没错，应用于教育领域！设计思维适用于任何学科的任何年龄段。

我们相信，所有学生，无论在校内还是在校外，都应享有成为最佳“创新个体”的机会。我们相信，所有孩子都是独特、真实的，是注定能够发挥自己独创能力的。

我们相信，这不是一个面面俱到的解决方案，而只是一个开始。我们相信，我们的作用是让孩子影响他们周围的世界，让他们充分相信自己。

正是因为这些信念，我们才写了这本书。我们为自己而写，为同事而写，为朋友而写，为学生而写，也为你而写。因为归根结底，我们相信，你有激励孩子的能力，并且可以创造一种在未来持续多年的影响力。

第一章

我们需要创造性课堂

We Need Creative Classrooms

永远不要质疑一小部分热心的民众能否改变世界。事实上，他们是唯一改变过世界的人。

——玛格丽特·米德

你曾见过这样的人们。世界上最成功的人不会被改变打败，而是在改变中繁荣昌盛。他们会想出解决方案，第一时间解决问题。他们制造出的产品服务了千千万万的人。他们创意十足。

得益于自身的创造力，他们可以驾驭新科技，化解新问题，把控新环境。这种创造力还赋予了他们新的工具，帮助他们在一个没有既定道路、凡事皆有变数的世界里迈向成功。

这就是为什么，有如此多的人，致力于将创造性课堂发扬光大；这就是为什么，那些有关教育创新的视频，会如火如荼地疯狂传播；这就是为什么，“创客运动”风靡于全球各大校园。

然而，作为一名任课教师或者学校领导，你知道，经过了多年标准化、程式化的洗礼，做出教学创新上的转变并非易事——这可不是打个响指，说一句“嘿！咱们把创造力带回学校吧”就能办到的。

新数字鸿沟、资源获取并非关键因素，

更重要的是创造的机会。

在跟世界各地的老师探讨创造力时，我们听到了这些意见：

- “没错，我是想让我的学生具有创造力，但我没有足够的材料。你知道这些技术和创客设备要花多少钱吗？我们学校可没有这笔资金！”
- “被照本宣科的课程牵着鼻子走的我们，要如何开展创造性工作？让我的学生满足所有标准，且能在这些评估中表现良好，就已经很难了，更别说给他们时间去动手创造了。”

- “我们在推特、博客及教育会议上发现，学生们做出了很多创造性工作，这些例子我都见过，但我不知道，要怎样才能真真正正地将其融入到课堂当中。我从未接受过有关这些方法的训练，这一切似乎很难顺利进行下去。”
- “之前，我曾在课上搞过创意项目和创新学习，也遇到过不少麻烦。我被家长说过‘不务正业’，被校长说过‘扰乱课堂’。我的这种创造性工作并没有得到学校的支持和准许。”
- “我知道，我的学生应该进行基于项目的学习、制作和创造，可我并不是一个有创造力的人。我是一名好老师，但我觉得，我不能为学生源源不断地提供各种创意想法。”
- “我的学生年龄不大，他们还不能设计东西。我们应当把教学重点放到基本原理上。”
- “创造力固然重要，但我不知道它是否适用于我的学科领域。”

我们想大声宣告：你的话，我们都听到了！以上这些问题都是真实存在的。虽然我们知道，改变往往是艰难的、令人困惑的，甚至是痛苦的，但我们也知道，这个世界正在改变。现如今，随着数码设备的激增，我们可以随时随地与世界各地相连。这些随身携带的设备，使我们能够创造东西不再像过去那样，成本高昂，工序复杂。

以前我们听说，能够接触到技术和没有途径接触技术的人之间存在着“数字鸿沟”。但如今，一种新的鸿沟正出现在我们眼前，那就是被动消费者和主动创造者之间的“创造鸿沟”。我们从两拨学生身上看到了这一点：有的学生会用手机看上好几个小时的视频，与此同时，一些敢于创造的学生在YouTube上创建了自己的频道，经过拍摄、剪辑，最终将视频呈现给现实生活中的受众；有的学生在下载游戏，与此同时，一些学生却在设计电子游戏。

而我们当下的学校教育模式则扩大了这一“创造鸿沟”。从“上下课时间表”到评分体系再到课程规划和教学法，我们的学生一直处在工厂式的学校里。这种模式或许在培养高度服从的工厂工人方面发挥过作用。但是我们现在是在21世纪，工厂搬走了，工作也转移海外了。可是，这种工业学校的模式却依旧存在。

接下来会发生这些事情：学生们会成长在消费文化当中，然后进入一所让他们消费知识而非创造知识的学校。“创造鸿沟”越来越大。等到毕了业，他们根本就没有创造力来驾驭这个经济全球化的日新月异的世界。从个人体验的层面来说，因为少了设计和制作，他们甚至错失了属于人类的莫大的喜悦。

那么，我们要如何跨越这道鸿沟？我们要如何创造出让所有学生都能蓬勃发展的创新空间？我们要如何把课堂变成满是创造力和奇思妙想的堡垒？还有，在资源有限、时间紧迫、推崇“一考定终身”的现实情况下，我们又该如何去做？虽然这些挑战都真实存在，但它们并非不可超越。身为公立学校的教育工作者，我们都曾经历过这些挑战。

但我们也从中学到了一个道理：在这些挑战背后，是创新的机会。

那么，考试呢

我们生活在一个把考试成绩误以为是学习的年代。老师们害怕学生考低分。在这样一个“服从大于创造”的文化环境里，创新存在着风险。

我们意识到，这种风险是切实存在的。我们有过这种亲身经历。但我们也知道，设计思维并不是要摒弃标准。设计思维是要提高标准，挑战学生进行更深层次的思考。根据我们的经验，学生一旦进行了创造性思考，便说明他们已经充分参与到了学习当中。学生参与度的提升往往会形成更深层次的学习。尽管他们依然讨厌考试，但他们会把考试看成小菜一碟，因为他们已经经历过了真实的挑战，这些挑战能够极大拓展他们的思考能力。

没人能保证创造性思维可以提高考试成绩，但你希望参加考试的是怎样的学生：是对学习没有热情、仅是被训练过的考生，还是对学习充满热情、创意十足的思考者？

要是没有充裕的时间呢

或许，你有着一份雷打不动、分秒必争的课程规划。虽然你也热衷于创意项目，可你总是把它们随手推到了空闲的时间段。所以当你在放假前开始着手一项期末项目的时候，创造力只是一道小菜——甚至只是一份甜品，而“主要的课程”才是你的主菜。但如果创造力根本就不是一道菜呢？如果是一种全然不同的烹饪方法呢？如果它意味着，你需要舍弃预先包装好的餐食，让你的学生变成厨师呢？

在这本书中，我们将把设计思维视为一种学习的框架，对其进行探究。这不是一门独立的学科，你也不需要把它塞进你本来就满满当当的时间表中。恰恰相反，正因为这是一种不同的做事方法，你可以因此而节省许多时间。

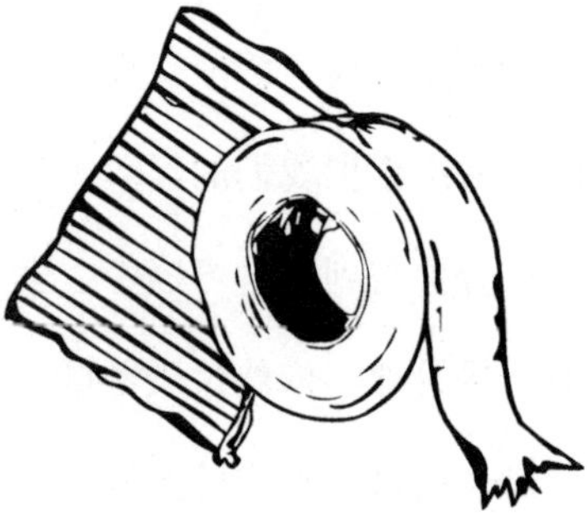

有时，最好的“科技”只是一卷胶带。

要是我没有足够的资源呢

当你在课堂上进行创意项目时，你既不需要创客空间或3D打印机，也不需要最新的小工具或最尖端的应用程序。我们最喜欢的材料就是“胶带+纸板”或“笔记本+铅笔”。我们也热爱科技，但你所拥有的最庞大的创造性资产，恰恰是你的思维本身。

如果我失败了呢

失败是不可避免的。你也许会看见，你的学生在设计流程中偶尔感到沮丧。你也会看见，有些课时简直失败至极。然而对于创新教师而言，失败也是整个流程中的一部分。每处错误都只是成功之旅上的一个插曲。

所以你瞧，你就像是一个开拓者，你拓荒的唯一途径就是顶着危险，在失败中前行。得益于设计思维，你有了工具和地图。可你正在驾驭的却是险峻的地形地貌。你要去往一个前人从未铺路的、危机四伏的地方。然而，这是一场史诗般的冒险。这场冒险将改变学生的一生。

每处错误都只是临近成功的一个插曲。

如果我不是很有创造性呢

说起“创造性”，你可能会想到某位画家、剧作家、作家、摄影师、电影制片人，或是某位厨师。换句话说，你可能会想到的，是创造了某样事物的某个人。当我们使用一个标签，比如评价某人时，说他属于创造型的人，大概说的就是这个意思。

但这世上根本就没有哪一种人是“创造型”的人。我们都富有创意。没错，是我们中的每一个人。我们需要的，只是对“创造力”一词更广泛的定义。

没错，创造力和创造东西相关。但创造力也意味着很多事物，比如可以意味着专心搜查数据，针对实际问题，找出独特的解决方案；可以意味着侵入系统，以异乎寻常的方式调试网页；可以意味着探究想法、在信息里遨游，最终成为一名策划专家；可以意味着设计一个系统，让其他人有能力做创造性工作；还可以意味着通过讲出真话、引领运动、与人交流等方法，为整个世界做出改变。你看，每一种创造途径都会以一种意义深远的方式，塑造着我们的世界。

我们越能看到周围的创造力，就越能发现自己内心的创造力。而作为一名教师，这意味着你可以在挖掘学生创造潜力的同时，开发自己的创造力。换句话说，拥有一间充满创造力的课堂，你不必一定要是那种“创造型”的人。

创造力属于我们每个人。

有关创造力的惊人真相

问题是，你在学校听到的几乎所有关于创造力的东西，都是错误的。我们总能从商业书刊、TED演讲、晚间新闻上看到这些关于创造力的谬论，而这也让创造力变得似乎难以企及。

“创造性工作只适用于那些天赋异禀的少数人。”现在，是时候不要再听信这种谬论了。让我们携起手来，释放自己的创造性思维，打破我们内部——以及我们和学生之间——的屏障。

创造力属于我们中的每一个人。在这本书中，我们会向你展示如何在自己身上、在学校、在任意一间教室、在与学生相处的过程中，提高创造力，激发创新。

作为教师，我们需要花费大量的时间，去释放学生内在的创造力。通过项目式学习、探究式学习、天才一小时（编者注：起源于谷歌，谷歌为了鼓励创新，允许员工将每周20%的时间用来策划、实施正常工作以外自己感兴趣的项目，这20%的时间被称为“天才一小时”，后来这个概念被应用在教育上）、真实性学习体验以及基于挑战的学习机会，我们亲眼目睹了哪些是有成效的教学方式，哪些是无效的。

如果你因当下路途中的屏障和阻碍而感到沮丧，请不要把它们放置一旁。不要试图隐藏。去接受挫折，用挫折激发自己的创造精神和教学中的创新方法。

创造力是一个需要结构的流程

有些僵化死板的流程带走了真实、有创造性的学习，而作为其中一部分的“结构”一词，也没能落得个好名声。可事实并非如此。结构划定了歌曲的段落形式，展现了建筑奇迹的维度，构成了一次成功的太空发射的具体步骤！

忘记你曾被告知的有关创造和创新的一切，忘记“结构限制了创造性工作”这一概念，忘记“孤独的创造天才才能改变世界”这一想法。在接下来的章节里，我们会向你介绍一个具体的流程及实践框架，它将即刻影响你课堂中的创造力。

设计思维即是流程

设计思维为人们提供了一种思考创造性工作的方式。它始于同理心，即在尝试提出一个解决方案之前，先真正理解人们所面对的问题。

LAUNCH循环

LAUNCH循环（编者注：首字母缩略词，具体内涵见后文）不是一个公式，也不是一步步变得有创造性的指南，但我们一次又一次地在课堂中使用了LAUNCH循环这个框架，它能将创造力变成真实的体验。

LAUNCH循环对创造性工作进行了从头至尾的概述。从倾听、了解，到找到想法，再到发现哪些是可行的，LAUNCH循环为正在制作、建造、创造的老师和同学们提供了清晰的蓝图。LAUNCH循环的最后一部分是：将你的创造成果，真正推向世界!

是时候在盒子里面思考了

电影开场前，学生们正紧张地聚集在一起。这里人头攒动，叽叽喳喳，人们满怀期待。电影制片人迫不及待地想在大急流城这间影院的巨幕上，看到他们的电影。但这不是一部好莱坞大片，走在红毯上的男男女女也不是你想象中的影星大腕。恰恰相反，莅临的嘉宾是二战英雄，影片的制片人是来自肯特创新高中（Kent Innovation High School）的几名高中学生。

虽然学生们为了这一项目耗时数月，但这段旅途是值得的。随着一段段故事在荧幕上轮番上演，学生们环顾四周，看到人群中有人哭，有人笑——他们成功了！如此难忘的一夜，定会让他们回味一生。

人们通常认为，创造和创新是一种只有“跳出盒子”才会发生的事情。但无论是相关的调查，还是我们在这本书中介绍到的人员，比如肯特创新高中的学生，都不会如此认为。最具创造性和创新性的工作来源于盒子内部的环境，这种环境促使人们有了解决问题的新思路。如果你对此持怀疑态度，觉得创造力不可能在条条框框中蓬勃发展，那么想想这点：二战纪录片就是一次伟大的成功。后面你还会读到，这次成功不仅限于那一晚。这些学生没有花样繁多的小工具或3D打印机，他们用手机完成了视频的拍摄。和你的学生一样，肯特创新高中的这些孩子们也必须要参加标准化考试。

肯特创新高中的老师们明白，他们最大的资产既不是靓丽的新设备，也不是精良的软件。他们最大的资产是学生身上的创造才能。这就是设计思维的力量，它可以释放每一位学生的创造潜能。这就是一次发布的力量，即向真实受众讲述真实故事的力量，让学生把自己看作是讲故事的人、创造者、创客和历史学家。

创造流程中缺失的一环：发布

电影上映一年后，我（约翰）和这些学生制片人见了面，又谈论起了这个项目。有学生提到，影片中一位军人的女儿曾联系过他。那位军人已经去世，而他的家人，则想在追悼会上分享一些他的故事。

“她说，他从未和家人分享过自己的故事，她想感谢我，感谢我把这些故事讲出来。”这名学生说道。他停顿了一下，接着又说，“她的话让我很受触动，其实这就是我们制作这部电影的原因。如果我们没有这样做，这些故事就会永远消失。”

我们想让学生秉持的，不就是这种意义和目的吗？我们不想让所有学生都参与其中吗？我们不想给予学生享有学习过程的权利吗？我们不想让学生把自己看作创客和创造者吗？

我们当然想。但面对阻碍我们创新的这一切，我们该怎么做呢？比如，面对扼杀创意的自我怀疑，我们该怎么做呢？

·看看创造力是什么·

如果你把创造力看作需要去寻找或获得某样东西，那么你的行为方式就是对某个伟大想法或灵光一现的希冀和期盼。相反，如果你把创造力理解为可以从体内释放、提取出来的某种东西，它就成为了一种内在行动——打开自我，运用我们每个人都拥有的创造力。

创造型教师不只是那些让学生在创客空间工作、创建应用程序和网页、搞艺术的老师。

创造型学生也不只是那些拥有高智商、性格趋于外向、独立做项目的学生。

创造型教师是教练，是社团赞助者，是课堂领导者。他们会每天挑战自己的学生，让他们进行深度思考、批判性提出观点、解决问题。创造型学生也可以很安静，他们通常能够以团队成员的身份更好地完成工作。打破判定一个人是否具有创造性的偏见吧。或许，你会有惊喜。

当你创造出某样事物，但不将其发布，就像是你在烹饪完四道美食过后，独自一人吃掉一样。或许它的味道非比寻常，但你却是唯一一个知道的人。对于错失了这场味觉大爆炸的人来说，他该有多么的难过！你不能得到他人的认可，并且没有任何人能够向他人证实这场佳肴盛宴，这是多么不幸。

然而，这就是我们在学校里做了一遍又一遍的事。我们总是要求学生为自己创作艺术，为班级出演戏剧，写下只有老师会读的诗歌。

反之，如果我们把二年级学生创作的艺术作品带回家，给爸爸妈妈看，之后挂在冰箱上呢？如果我们把学生带去养老院，让他们和老人们分享自己的艺术呢？相比于把学生写的俳句（编者注：一种日本诗体）贴在教室外面的公告板上，如果我们把它整理成一本Kindle电子书，发布在亚马逊上呢？相比于让学生在讲台前做读书报告，如果我们通过YouTube直播，跟作者的粉丝们一同分享读后感呢？

当我们经历了创造的过程，当学生创造出成果，如果我们就此停止，那我们就错失了实现真实性学习的最佳契机。我们要把学生的作品推到现实世界和活生生的观众面前——这让创造性工作有点吓人，却这样做的回报也是巨大的。

我们写这本书的目的，就是要帮你解锁课堂上的创造力，把它提升到一个新的层级。我们想让创造力变得真实，变得令人耳目一新，让你的全部学生——还有你自己——有所裨益。我们想向你展示得以释放创造力的具体流程、框架和结构。我们曾将此运用于各个年龄段的学生。我们介绍的这套流程和框架，也带领一些企业、组织及企业家走向了成功，因为即使在许许多多不同的情境下，面对各种各样不同的人和产品，它都能够发挥作用。

随着阅读的深入，你会发现创新工作自发性更少，更多的是需要流程来驱动；你会发现，框架和限制将有助于创造性流程，而非阻碍它的潜力。最重要的是，你会发现，无论在何种类型的课堂当中，创造性工作都会有趣，并且可以实现。

一线希望：源于挫败的创新

几年前，我发现了这样一个事实：我的高二年级学生在课堂上唯一关心的，就是他们的成绩。这让我感到挫败。因为这份挫败，我决定发起一次“20%工作时间”项目。我从谷歌公司的做法中得到启发，分配20%的课堂时间进行这次探索。我告诉他们，要根据自己的兴趣和好奇心，研究一个特定的主题，从研究中创造出一个产品，然后用像TED演讲一样的直播展示形式，分享给全世界。在数年的执教生涯里，我从未见过学生们是如此地动力十足。这是因为，这种动力来源于他们的内部动机，而非外部奖赏。他们学习了手语，制作了计算机，改造了汽车引擎，还学习了怎样弹吉他。有位学生甚至要尝试克隆一株食肉植物！这一项目取得成功的原因在于，它让学生们可以根据自己的兴趣和热情——而非我们成年人的需求和课程——来进行学习和创造。

和挫败一样，失望也能触发创新。人权侵犯和种族灭绝是非常棘手的话题。给学生读几篇文章，看几段视频，并不能缓解这些问题。在讨论过这些令人心痛的议题后，学生们总是觉得，他们需要伸出援手“做点什么”。因为找不到更好的方法教授这一单元，我感到有些失望，也正是这份失望，使我和学生建立了一个名为“全球通告”的项目。

最开始，我想就人权侵犯问题，给参议院写信、发电子邮件。我的学生接受了这一想法。但在这之后，他们又对这一想法进行了补充拓展。

通过和校园里同样热衷于这些议题的同学合作，他们一道开启了一场宣传活动。他们运用多媒体演示和社交媒体，向同学、学校、社区以及更广泛的全球受众通告了这些难题。

创新可以惠及任何教育领域。例如，维萨肯学区的工作人员必须要花上一个工作日的时间，学习他们已经掌握的技能。他们因此感到沮丧，并发出了很有道理的疑问：为什么要对不同技能水平的每个人都进行相同的训练？于是，为了回应这种挫败感，我们开发了新的职业发展项目。

而一位和我共事的很优秀的老师之所以也感到沮丧，是因为在他看来，“工业艺术”课（即手工课）上的大部分内容依旧和他高中时一样。经过大量努力，他把这种沮丧转变成了一门全新的初三年级课程——创意设计和工程。此外，他还对整个课程范围和顺序进行了重新调整，以在我们高中创建一个真正的创客部门。

那么，我们从中学到了什么？一旦我们让挫败感和沮丧占了上风，便会失去一线希望，但通过创造性地应对挫败，我们往往可以从中收获创新理念。

你会选择哪条路

你曾见过这些情况。有人推出了一个项目或者应用程序，承诺它将彻底变革教育。接着，一位“权威人士”会宣布，“这就是未来的学习方式！”霎时间，各种文章层出不穷，也都在言之凿凿地说这款新产品会取代教师，会彻底改变教育。

但我们更心知肚明的是，我们不会在某个小工具、应用程序、项目或者产品中找到教育的未来，教育的未来也并非需要一群专家智囊团。可是，我们却能在你的课堂上找到教育的未来，因为你的课堂充满创造潜力与创新。你有能力让它实现。

教育的未来已经在你的课堂之中。

教育的未来会在你做实验时实现；会在你赋予学生话语权和选择权时实现；会在你摒弃照本宣科的课程，带领学生在学习之路上自由驰骋时实现；会在你真正教授学生知识，而非教他们应对考试时实现；会在你释放全体学生的创造力时实现；会在你做出大胆决定，让他们去创造、设计、解决问题时实现。

有时，创新型活动开展起来会一片混乱，甚至令人困惑。但你需要明白：当你的学生有机会成为作家、电影制片人、科学家、艺术家和工程师，你就给自己从未想象过的未来播撒下一粒粒种子。这就是创新课堂的美妙之处。这就是有创新精神的教师的力量所在。你就是教育的未来。你是自己课堂故事的英雄。你能使自己的所有学生发挥创造潜能，你是一个能够让学习发生变革的人。

设计思维并不是关键，关键在于你。你就是那个实现教育未来的人。在创建学生所需的学习环境时，你可以利用LAUNCH循环，这是一套功能强大的工具，但更关键的仍然在于你。我们的确在分享一些很棒的工具，但归根结底，这些工具还是要运用在你的手中。

有太多的教育工作者觉得，他们失去了创造力——或者说，一开始就从未有过。也许他们已经停止了创造，因为他们觉得，自己没有时间、精力或才智来创造出新的想法。对于这种说法，我们并不认同。不创造是一种选择，但也是一种糟糕的选择。事实上，每当你为课程想出一个新的主意时，你就是在创造；每当你想出对策应对那个超级难搞的学生时，你就是在创造；每当你和同事合作，设计课堂，重新摆放桌椅，或者做些不同的事情时——你就是在创造！那么，把这种创造力提升至一个层级，意味着什么呢？

这本书将给你一个框架，使你可以通过一个崭新的视角，看待课堂中的创造力和创新。在这一视角下，你会以教师和领导者的身份培养创造力，为创新增加更多的机会，让你的学生把他们的作品推向真正的受众。

选择权在你手上。和我们一起吧，加入这场创新革命，用设计思维去教学！

第二章

找到你发挥创造力的方式

Finding Your Creative Approach

只有经历了不同，才能创造出不同。

——《创新者思维》作者，乔治·库洛斯

1970年3月，美国派遣了三名宇航员执行登月任务。此次的阿波罗13号，是对前两次飞行任务——阿波罗11号和阿波罗12号成功登月的后续跟进。但当这枚火箭进入轨道时，没有人意识到，他们究竟需要怎样的才智和创造力，才能把宇航员们安全地送回家园。

在位于飞船服务舱内的氧气罐发生爆炸之后，美国航空航天局地面控制中心取消了阿波罗13号的登月任务，并让宇航员们转移至登月舱中。

较小的空间仅需要少量的燃料维持运行，这使得宇航员们可以为重返大气层保留有限的能源。

转移后不久，美国航空航天局的工程师们意识到，他们正面临着一个严峻的问题：登月舱内的二氧化碳含量正在飙升。这架登月舱在起初建造时，只允许两名宇航员在舱内逗留36个小时。可是现在，要想让宇航员们重返家园，它将要承载三名宇航员整整96个小时。当埃德·斯迈利听到今天家喻户晓的“休斯敦，我们有麻烦了”这句话时，他正坐在家里，通过电视观看这次登月任务。

斯迈利负责监管美国航空航天局的宇航员系统处。他迅速赶往航空中心，会见了同样始料未及的工程师团队。他们的任务是：在机组人员耗尽氧气之前，把一个方形的过滤器接口插入圆孔的接口当中。

宇航员系统处由各种背景的工程师和科学家组成，他们必须要想出办法，更换登月舱内的二氧化碳过滤器。但问题是，登月舱上的是圆形过滤器，而飞船上唯一的备用二氧化碳过滤器，则是来自航天飞船指挥舱的方形过滤器。

宇航员系统处使用各种各样的随机物件，如飞行手册封面、西装、袜子等，以极快的速度制作了一台简易适配器。这一团队利用航天舱通讯设备，将组装指令发送给已经开始受到有毒气体影响的宇航员们。

之后，每个人都回到家中静观其变。解决方案奏效了。

这段故事在电影《阿波罗13号》中得到了再次演绎。如果你看过这部电影，你会记得，当二氧化碳含量开始降低，氧气充满太空舱，宇航员可以返程回家时，整个宇航中心内回响起了巨大的欢呼声。

在这些压力重重的紧急时刻，宇航员系统处正面临挑战，他们需要在有限的时间内，运用有限的资源，思考创造出一个解决方案。

听起来有些耳熟？

有一个谬论认为，创造力是完全自由的产物，但在现实世界却恰恰相反。现实世界中的创造力往往来源于痛苦和矛盾。我们所遇到的问题，以及时间、资源和信息有限的情境，才是创造力的起源。

这部影片没有向观众展示的，是在执行任务之前，美国航空航天局的每一个人都要经过大量的准备和训练。他们用了好几天的时间处理难以想象的状况，提出创造性的解决方案。宇航员必须身体健康，思维敏捷，还要有马盖先（译者注：美剧《百战天龙》的男主角，是一位富有机智和勇气的现代英雄）一样的能力，能够预测事态并迅速作出反应。

这些宇航员来自各行各业。他们当中有工程师、科学家、运动员、教授、程序员和设计师。就像宇航员系统处在执行阿波罗13号任务时面临的问题一样，他们每个人的独特背景都会在解决问题时起到不可或缺的作用。

教学也不例外。除了我们不用去太空。

教师也来自社会各界。我们从自己独特的背景中，带来了各种技能和生活经历。我们在大学期间有着不同的研究领域，在学校里有着各种不同的兴趣，从事着不同的项目和业余爱好。我们每个人都有着独特的个性、技能构成和成长故事。

而且，我们都很有创造力。我们每个人都必须迅速解决问题，提出协作式解决方案，每天还要管理性格多样的学生和琐事。与其把一些老师标为“有创造力”，把另一些标为“不是那么有创造力”，我们更加坚信，所有老师都具有创造潜能。我们同样相信，如果每位老师都能找到自己创造力方式，学校便将受益良多。

我们都有创造力

我站在色彩斑斓的壁画前，欣赏着胡安创作的色彩融合的日落景象，惊叹于玛丽亚画笔下的微小细节。

一位数学老师也驻足凝视。“简直过目不忘。”她说道。“谢谢。”我回答。

“孩子们都很下功夫，”她点点头，“我很高兴，你能为他们提供创造的机会。我不是那种典型的创造型的老师，可当老师们牵头发起这样的项目时，我觉得很酷。”

“创造型”——从执教的第一年起，我就被这个词贴上标签。我用涂鸦丰富了课堂内容。我把艺术融入到课程当中。我在黑板上勾勒出风格荒诞的漫画。我喜欢在业余时间搭建技术平台自己写书。

我就是那个“创造型”的老师。

可事实却是：其他老师也都是如此。

当那位数学老师说“我不是那种典型的创造型的老师”时，她并没有认识到创造力就存在于解决问题的过程中。我的学生创作了壁画，但她的学生能够比较和对比解线性方程组的方法，她的学生正在进行一个项目，这个项目所培养的发散思维，不禁让人想起了当年的阿波罗13号。

学校时常对“创造力”有一种狭隘的看法，他们会认为创造力只有美术室才有，或将它局限于课上有趣的工艺品。有时，“创造型”甚至是贬义词，用来形容那种桌面凌乱、手工艺品散落整个房间的老师。还有一种“创造型”老师是这样的：整齐划一的空间，洁净的公告板，房间主题看起来像是从拼趣（编者注：美国图片社交平台）网站上找来的图片。我也曾经心血来潮，希望朝着这个方向发展，我还试着制作过一块公告板，但结果却不忍直视。

其实，并没有什么单一的“创造型”。这世上有许多种“创造型”，对应着拥有独特天赋的人——这当中的所有人，都能够让学习发生变革、激发创新。我们越是认识到创造思维的多样性，就越能将创造力融入到课堂的文化和课程当中。

头脑加速

创造来自灵光乍现的谬论

研究员薇拉·约翰—斯坦纳采访了七十多位在世的创造天才，并分析了五十位已故思想领袖（包括托尔斯泰、爱因斯坦等）的笔记。为了了解他们的工作习惯，她偶然发现了这些人的一个共同特征，这个发现彻底推翻了创造灵感来源于灵光乍现的论调：

“创造力始于笔记本上的草图和随笔记录，之后才衍生出了富有灵感的想法。无论他们是演员、画家还是科学家，这些创意都有着一处共同的特点：他们时常会把早期的想法和疑问，以草图、短促的记录观察、对话片段、快速的原型等方式，输出到世界当中。伟大的创造并非源于大踏步式的飞跃，而是由创造者一次又一次地重复这些外在的图像，历经崎岖才得以诞生。”

在学生的学习过程中，你有没有给他们“历经崎岖”的机会？

你是否允许自己以教师或领导者的身份（或二者兼备）进行创造？

你的创造力类型是什么

如果宇航员系统处没能群策群力解决好复杂的现实问题，那么，阿波罗13号将很可能成为有史以来最为惨痛的太空事故之一。在他们面对这个挑战时，每个人都贡献了自己独特的创新思维。其实，这些人都有着不一样的优势、技能、信息、才干，正因如此才造就了集体项目的成功。我们今天的学校也是这样。在讨论更多有关协作的内容之前，我们要先了解个体——也就是你——以及如何释放你独特的创造力。这会对你很有帮助。

接下来是一些创造力类型，老师们可以将它们应用于开发创造性课堂。在你逐一阅读的同时，请思考哪一种类型与你联系最紧密。记住，在本质上，这些类型不分好坏，它们只是你看待创造性工作的视角而已。

1. 艺术家

艺术家类型的老师喜欢从头开始创造。你会看到，他在整个夏天都致力于开发新材料，为学生策划新项目。尽管艺术家也会查看其他资源，但他们的目的通常是激发灵感，而不是使用这些资源。一些老师可能觉得，从头设计每一堂课是对时间的浪费。为什么要浪费时间重复地做别人已经做过的事呢？但对于艺术家类型的教师而言，更好的问题则是，为什么不去重新做呢？如果每个人所做的事情都看起来一样，这个世界是多么的无趣啊！

对于艺术家类型的教师来说，教学的侧重点并非遵循某种教学系统或结构，而是设计孩子们喜爱的上课流程、课堂活动、课堂环境。有时候，艺术家类型的教师或许还会反对任何可能扼杀创造性工作的教学结构。让他们时常感到困扰的是，在创造新事物的路上，总有人会制造阻碍。

这些教师会非常适合在拥有创造自主权的环境中工作。他们倾向于把创造力看作顺其自然的、杂乱的、符合人类天性的、良好的、常态的事物。对于他们而言，他们更喜欢讨论学习中发生的故事，而讨论数据则会让他们感到冰冷死板。

2. 极客

极客类型教师的创新体现在他们对各种想法的着迷，并且持续致力于调整与完善事物。在极客看来，正如内容富有吸引力一样，系统和结构也一样令人着迷。这类老师虽然想做些新的东西，但也想探索现有模型，利用数据监控其有效性。如果艺术家把创作视为一种杂乱的状态，那么极客便是在混乱中创造秩序，并在这一过程中发现价值。

或许你和我们一样，在听到像“基于研究”或“数据驱动”这种字眼时，会有些打退堂鼓。但对于极客来说，这些术语却并非深不可测。极客喜欢一切信息化的东西。理论不仅仅是理论，而是用以理解事情为何发生的框架。研究也不是抽象的概念，而是让他们在研究的过程中明白哪些事情是可行的。我们常容易因其复杂性，而看不到其中的创造力。但对于极客来说，系统就像思维游乐园，等待着被探索。

和艺术家类型的教师相比，极客型教师看起来可能并不总是创意十足。这是因为，这种类型的教师所创造出的新事物，并不总是具有明显的艺术气息。然而，极客型教师给学校带来的提示就是有时通过系统和结构性事物，也能产生创造力。

极客型教师和艺术家型教师一旦合作，这对组合就如同一场美妙的歌舞——他们互为补充。他们的例子提醒了我们所有人：系统和故事都具有内在价值。

3. 建筑师

和极客类型的教师一样，建筑师类型的教师能够看到创造力中系统化的一面。然而，极客型教师专注于细小的更迭和系统上的微调，而建筑师类型的教师则喜欢从头开始，设计开发全新的系统。

在许多情况下，建筑师类型的教师不被视为是一种“创造型”。这种类型的教师只有依赖于其他类型创造者的协助，才能设计出一些东西。因此在这种情况下，建筑师类型的教师看上去不像一名“创客”，因为他们所创造的系统近乎隐形。但和任何真正的建筑一样，这些隐形的结构也对人们有着深远的影响。

最好的建筑师类型的教师能将艺术家的杂乱无章同极客的系统思维联系起来，最初看起来似乎没有什么创造力，然而，最好的建筑师类教师十分擅长于设计一个隐形的系统，让其他创造力类型的老师一同协作，他们会有意识地思考系统和人、科学和艺术，他们通过这种方式实现创新。

4. 工程师

建筑师类的教师专注于设计新系统，而工程师类的教师则专注于解决问题，他们总是在寻找更好的解决方案。

和艺术家类型的教师不同，这样的老师觉得不必每次都重新创造。如果一个很棒的资源在正常运转，为什么还要另做新的东西？对于工程师类型的教师来说，创造力是在不断地尝试、检验、分析、改进中发现的。然而，和极客类型的教师不同的是，工程师类型的教师可以摒弃框架、忽略数据，以便发散性地思考问题。如果说极客型教师想知道的是事物为什么运转，那么工程师型教师则更关心事物如何运转，以及如何让它以不同的方式运转。

工程师类型教师的创造力可能并不总是显而易见，因为他们的工作看上去实操性很强。像前面提到的那位数学老师一样，这类老师往往认识不到他们的创造力，因为他们既没有艺术才能，也没有审美趣味。工程师类教师的工作并不一定出彩，但其工作方式却非常符合营救阿波罗13号时的风格。

5. 黑客

艺术家型教师时常在系统内创造新事物，相比之下，黑客型教师更具颠覆性。他们积极努力地推倒已经损坏的系统，为的是创造出更好的东西。从这种意义上来说，黑客型教师在本质上具有破坏性。然而，这种破坏几乎总是服务于一个创造性的目的：通过颠覆系统，黑客型教师提供了一种新的选择。

黑客型教师往往是学校中最容易被误解的老师，因为人们总是认为，他们不循规蹈矩的行为是任性或负面的。可是，这些控诉者们却忽略了一个事实：当孩子们面对不公正时，黑客型教师往往会和他们站在同一战线。

我们曾和一位拒绝遵守某些规则的老师有过合作。他觉得必须在墙上张贴规则的做法很愚蠢，所以他把规则用五号字体打印出来，贴在了便笺上。他认为孩子们在去吃午饭的路上没必要非走直线，所以他让他们想怎么走，就怎么走。接着他又说道，“我曾经期待自己走一条线性的职业发展道路，但我从未走过直线，我觉得自己没有足够的能力去教他们这么做。”

这位老师的许多同事都认为，他是一个随意违反规则的叛逆者。他们忽略了这位老师有一颗关爱学生的心。我始终记得，在一次家长会上，有位家长告诉我，“在我上初中的时候，那个人拯救了我的生活。那时的我混帮派，厌恶学校，我把这些都告诉了他。结果他说，跟你一样，我也不喜欢学校，但我喜欢学习。接着，他帮助我学习如何阅读。”

黑客型教师也不总是破坏系统。他们通常会找到运用系统、想法、资源的新方法。少想想“电脑黑客”，多想想“生活黑客”吧。在这些时候，黑客类型的教师所做的，更多的是寻找或设计一种不同的、更好的方法来使用当前系统，而不是修复已经损坏的事物或者创造新事物，黑客型教师会使用过去未曾尝试的方法。

可悲的是，黑客型教师都被视作有破坏性。人们总是难以容忍黑客型教师身上的发散性思维，所以他们无法看到黑客型教师身上的创造力。这糟糕透了，因为黑客型教师所擅长的，就是使事物保持新鲜，并在最难预料之处推动创新。

6. 控球后卫

创造力有时还涉及制作一些东西。你搭建一个东西，设计一个东西，然后用自己的双手触摸到它。但有时，你所制作出的东西又并非是一个具体的物件。有时你会做一些与众不同的事情，比如策划一个事件，但人们并不把这个事件视为是富有创造性的，因为这是一段经历，而非一件产品。

在你思考何为创造天才时，你可能最先想到的是艺术家或设计师这样的职业，很难想到运动员。其实，运动也需要卓越的创造力。比如，你需要具备在各种情况下预测潜在结果和模式的能力，这种能力对团队的成功至关重要。而在所有运动中，最具创造性的位置，就是篮球运动中的控球后卫。

控球后卫能够在片刻之间以不同的方式思考，抓住各种机会。“魔术师”约翰逊（编者注：绰号“魔术师”的NBA传奇控球后卫）之所以势不可挡，就是因为他总是有意识地以不同角度观察球场，为整个团队的胜利牵线搭桥。同样，戴安娜·陶乐西之所以能够称霸美国国家女子篮球联盟，就是因为她可以平衡传球和得分的比重，时常营造出对手难以预料的局面。

课堂也需要同样的创造力。当一位教师采用控球后卫的方法时，他会对环境有不同的想法，进而为学生提供新的机会。由此产生的最终结果将不是一件成品，而是他的学生们意料之外的一段经历。

我们很容易忽视这种类型创新的力量，因为它看上去几乎毫不费力，但事实并非如此。其实，它很难驾驭。你必须反应迅速，时刻保持警觉，从不同角度审视全局。你还必须有活动家和国际象棋大师的部分品质。

创造性协作的关键

人们通常能辨识出不止一种创造方法。你或许是一位极客艺术家或者黑客工程师。这完全正常。你可以根据不同情况运用不同的方法，这也没有问题。然而，只有极少数人可以熟练运用全部方法。这就是为什么，认识到每个人的多样性和价值如此重要——特别是在学校当中。这是因为，学校需要每一种创造力类型的教师。

一旦学校囊括了所有创造力类型的老师，我们便能够搭建学生应当享有的多种学习环境。每种创造力类型的老师不仅提供了新的创意，还提供了一种不同的思考方式。假如每位老师都是艺术家，学校就会错过调整系统、设计结构，或者推陈出新的机会。与此同时，当学校在推动数据驱动的决策方法，专注于系统和结构时，就又会错过他们当中的艺术家型教师提供的大胆的、全新的想法。

一旦我们可以理解、欣赏各种类型的创造力方式，我们便能更好地拥抱彼此之间的差异，以互补的方式工作，减少争执。艺术家需要工程师，黑客需要极客。我们越是认识、尊重这些差异，就越能更好地设计创造性课堂。

我们都是创客

就从事创造性工作的心态问题，克里斯·哈德菲尔德在《一名宇航员的地球生活指南》一书中写道：

> 对于任何一种新的处境——无论是在电梯还是火箭飞船里，你都可以用这三种方式中的任意一种来审视全局。你可以做一个“负一”：主动破坏、制造问题的人；或是做一个“零”：你的影响是中性的，对扭转局势起不到决定性作用；你还可以被视为“正一”：主动增加价值的人。当然，每个人都想当“正一”。但如果你从一开始就宣扬自己是“正一”，你将会被视作“负一”，无论你的实际表现是好是坏。

在负责国际空间站期间，哈德菲尔德清楚地看到，相对于认识到如何能让每位团队成员一起工作的能力，单独顺利开展工作的能力并没有那么重要。整体要大于其各部分的总和：包括每个人的任务、角色和成就。每个人都拥有重要的技能才干，但只有当我们尊重、利用这些技能才干时，我们才能一起做出杰出的创造性工作。在本书接下来的几章中，我们将学习这一流程。它能让所有创造力类型共同协作，创造出产品、想法或解决方案。

第三章

设计思维与LAUNCH循环

The LAUNCH Cycle

释放内在创造力就如同我们尝试的其他事情，练习能让它变得更容易。

——《创造自信力》作者，汤姆·凯利和戴维·凯利

我（A. J.）刚出生的儿子正安静地躺在医院的恒温箱里。为人父母，最恐怖的噩梦莫过于担心自己孩子出了什么问题。我试着保持淡定，表面上看上去是一个冷静理性的成年人，但即使这样，我的内心仍然充满担忧。

孩子的命运未卜。在我等待消息时，我的脑海里塞满了各种最坏的

情形。焦虑使我感觉每分钟都像一小时那样漫长。

医生告诉我，一切都会好起来的。此时，我的担忧有了一丝缓解。透过育儿室的窗户，我看到儿子的脸上一片安详，小小的身体被恒温箱的温度包裹着。新生命的奇迹令我惊讶，可我却忽视了恒温箱的现代奇迹。这个价值2万美元的设备，帮助新生儿撑过了他们出生后最危险的头几天，可我和妻子却认为这是理所当然。

几天之后，我们把儿子带回家中，在和家人、朋友的交谈中（他们的孩子在出生后也必须放入恒温箱），我才知道：每年，有超过400万名早产儿或低体重婴儿会主要因为体温过低（指体温降至健康标准以下）而夭折。我曾在南非和斯威士兰（编者注：非洲东南部国家）待过一段时间，也听说过有婴儿在冬天到来的那几个月被冻死的事情，但我却从未把这些联系起来思考过。这样看来，我的孩子之所以健康快乐，是因为我们去的这家医院买得起这台设备，而全世界却有数以百万计的父母，与这件奢侈品无缘。

在2007年的某个项目中，一群来自斯坦福大学的学生遇到了切实问题：为全球贫苦地区的医院和诊所寻找一种价格合理的救生设备。简·陈、莱纳斯·梁、那格楠·穆尔蒂、拉胡尔·派尼克、拉兹米格·霍瓦吉米安等人在斯坦福设计学院的“为极端购买能力群体而设计”课上相遇。这几位同学的教授给他们发起了一次挑战：为体温过低的新生儿设计一项发明，其花销不能超过最先进恒温箱价格的1%。

这个学期，该组学生就解决这一问题提出了很多想法；然而，几乎每一个想法都涉及电力的使用。这一团队到访尼泊尔以后，他们才意识到了主要问题所在：这里的农村地区没有电力供应，许多城市地区的电力也只是零星分散。看来，他们的解决方案不能涉及到插头和电线。

学期结束时，该团队设计出了第一个样品：一条婴儿取暖毯，里面充满了加热的人造黄油。这条取暖毯的唯一需要就是沸水（用于加热人造黄油），有了它，婴儿即可保持长时间的温暖。经过大量研究以及正向的迭代之后，该团队创建了一家非营利组织，并在2008年和2009年继续创造样品、开展研究。这个项目不再和成绩挂钩，它关乎拯救生命。

2010年3月，尼莎宝宝诞生，成为了印度班加罗尔“摇篮”医院“拥抱”临床试验研究的第一例低出生体重婴儿。11月，临床试验开始在印度的三家医院中展开：圣约翰医院、马尼帕尔医院和“摇篮”医院。它们对155名新生儿进行了测试，测试结果表明，“拥抱”婴儿取暖器和当前的标准护理一样有效。

最终，在2011年4月，第一台“拥抱”婴儿取暖器被送往了印度的一家医院。经过了四年的调查、研究、构思、原型设计制作、创造、投入实际运用，这个相识于研究生院课堂上的团队完成了一件产品。该团队和大家分享了他们的历程：

> 在产品发布的日子即将来临时，我们面对了每一个挑战，从产品的一个零件滞留在海关，而另一个未能及时交付，到“清洗”标签被错误放置。在团队的共同努力下，我们在4月9日做好了发布我们第一款产品的准备。

然后，就在去往诊所的路上，我们的车爆胎了。车里的每个人都跳了出来，挤进了一辆自动人力车，接着把第一台设备亲手交到了“小花”妇产医院。这段经历颇具象征意义：无论我们面临什么样的阻碍（或者碰到了多少钉子），我们都会想方设法完成自己的目标。我们交付了第一台设备，也深知距离成就自己的使命又近了一步——这种感觉振奋人心。

类似于“拥抱”这种项目展现出了设计思维的威力，它不仅能解决一切问题，还能提出创造性的解决方案。当你听到“设计思维”一词时，你的脑海里可能会浮现出创客空间和STEM实验室的画面。但设计思维不止是STEM实验室。它始于挖掘学生的好奇心，允许他们去创造、检测、再创造，直到最终把自己的所作所为发布给真正的受众（有时是全球受众，但通常都在本地）。

什么是设计思维

设计思维并非一个课题、主旨或课程。它更多的是一种解决问题的方法，鼓励人们积极冒险，激发创造力。当你开始寻找设计思维的案例时，便会发现它随处可见。

在非营利组织中，项目的设计师运用设计思维来为他们所服务的群体开发解决方案；工程师运用设计思维创造有形的产品；作家要经历一个出版流程，这个过程与设计思维本质上很相似。

为了理解设计思维，你可以把它想象成一座建筑的基础和框架。你建造了什么类型的建筑，使用了什么样的材料，你会如何装修它，你把它建在了哪儿，这些都和你的独特个性有关。你想盖一间房子，然后用金黄色的通心粉艺术作品和猫王的天鹅绒相片装饰它？去做吧，这是你的房子。你想开一家商店，在里面售卖裹着巧克力的培根？去做吧，世界上的培根用之不竭。

理解设计思维的另一种方法，是你可以把它想象成自己去了一家本地的冰冻酸奶店。在这里，你可以任意挑选想要的口味，在里面任意放上想要的糖果。（在我们看来，冰冻酸奶其实就是吃糖和冰激凌的借口，因为这样你就能称之为“健康食品”了。）最终成品的的确确是你的。是你决定了把薄荷酸奶和花生酱夹心放在一起。但即使最终成品都是独一无二的，这一流程也适用于每一个人。

设计思维也是如此。尽管二者所用材料和最终成品可能相差甚远（比如，你可能会有一个服务项目或实物产品），但其一般流程却通用于每一个人。另外，这个流程或框架是一个循环。创造过程是混乱的，但这没有关系。然而，如果没有一个框架，混乱将永远只是混乱。实际上，LAUNCH循环，是指带领学生经历创造旅程的各个阶段，从而激发学生的创造力。

通常情况下，设计思维遵循以下模式：同理心、定义、头脑风暴、原型制作、测试。但是，我们又添加了几个阶段，包括提问，以及最终阶段，即将你的创作推向世界。

为了使术语更加贴近学生、更容易被记住，我们对其进行了改进，用首字母缩略词LAUNCH来描述这一循环。

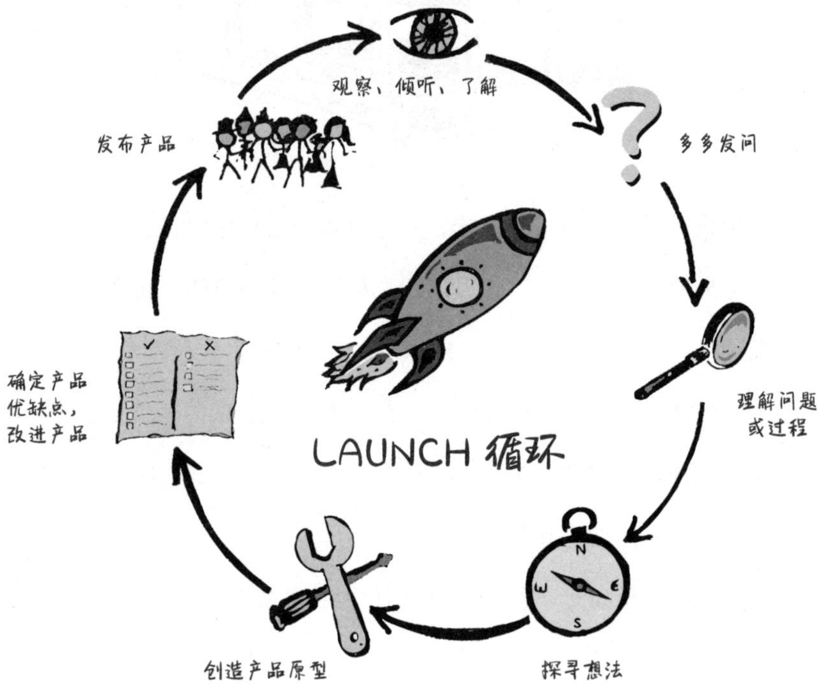

LAUNCH循环

以下是LAUNCH循环的各个阶段：

观察、倾听、了解（Look, Listen, and Learn）

多多发问（Ask Lots of Questions）

理解问题或过程（Understand the Problem or Process）

探寻想法（Navigate Ideas）

创造产品原型（Create）

确定产品优缺点，改进产品（Highlight What's Working and Failing）

发布产品！

第一阶段：观察、倾听、了解

“观察、倾听、了解”阶段有关认识，这是整个循环的起始。当学生们看到或经历一些事情之后，会对某个想法、系统或问题产生一定认识，这种情况会在老师向他们提出一个科学或工程问题时发生。有时，当学生意识到别人或自身的需求时，这种认识也会产生。由于同理心，他们会开始关注某个群体所面临的一系列具体问题。还有些时候，这一阶段起始于简单的困惑或好奇，并在最终走向创造性的突破。

在这一阶段，教师可以让学生通过做访谈、需求评估或观察的方式，去发现与探索。

第二阶段：多多发问

随着学生对某个想法或问题有越来越多的认识和了解，他们开始提出疑问。在这一阶段，学生就某个话题会开启天然的好奇心，并确定一个待解决的具体问题。然后，他们提出了一系列疑问，通过这种方式去努力理解他们将要尝试解决的问题。

在这一阶段，我们经常要求学生在组成小组、分享他们的问题前，单独提出问题。接着，他们可以参与到小组头脑风暴会议当中。有些学生可能需要句干或一些问题的例子。尽管探究是人类的本性，但有时，孩子们会缺乏表达出他们好奇心的语言。句干可以帮助学生明白，如何才能提出颇有见地的问题。

第三阶段：理解问题或过程

提出问题之后，学生们就进入了研究阶段。他们将在这一阶段了解与问题相关的系统和关键信息。他们可能会研究因果，可能会对竞争产品进行市场调研。带着“我们想如何解决问题”这一大致思路，他们可能会对前人尝试解决问题的方法做一些研究。学生们的目标是收集尽可能多的信息，这样他们就能理解问题，最终（在下一阶段）就解决方案出谋划策。

有些时候，学生们会为了明确他们的受众，进行更多的采访和需求评估。其余时间，他们会就这一问题和专家进行讨论。他们会经常查阅信息文本，找出和他们所探究的问题相关的事实，或是在实际创造什么东西前，提出一个观点。

第四阶段：探寻想法

有些人将这一阶段称为“白板化”。从本质上而言，这一阶段是略显凌乱、需要协作的。有了对概念的深入理解，学生们便有机会集思广益，探寻多种想法，直到能够形成一个总体规划。我们通常把这一阶段分解为一个小循环：先是开放式头脑风暴，然后对各个想法进行单独分析，之后再回到头脑风暴。在经历了这一阶段后，学生们便会对他们要“创造什么”有一个清楚的想法或理念。

当我们要求学生比喻一下这个流程时，他们的答案大相径庭。有人把它比作移动一台相机，他们要为取景框找到正确的场景或物体，然后慢慢地把它移到焦点中央。有人把它比作旅途中抵达目的地前的四处光顾。还有人把它比作倒出一堆乐高积木（指头脑风暴），然后再对积木分类整理，从而决定搭建什么。这些比喻虽然不甚完美，但它们都体现了一个概念：在针对某个具体概念，并将其塑造成具体想法前，要把思路打开，多方搜集信息。

第五阶段：创造产品原型

这是学生们创建首个模型的阶段。这个模型可能是用Scratch（编者注：MIT设计开发的少儿编程工具）完成的电子游戏，也可能是一份电子杂志的初稿。然而，它不必有太高的科技含量。一些极佳的创造只需要纸板和胶带，或只需要编撰故事、创建活动或开展一个服务项目。

这是亲自动手的阶段。在这一阶段，学生会把自己的想法转化成现实。请注意：他们时常想略过前四个阶段，直接跳到这一阶段。可是，我们只有先搭建好基础，才能更加顺利、专注地进行创造流程。

第六阶段：确定产品优缺点，改进产品

这一阶段可以循环进行，学生们可以确定产品优缺点，然后改进原型，以解决出现的问题。基础数据可以是客观、定量的，如桥梁项目、机器人项目或科学实验。但它也可以是主观、定性的，比如学生对某部小说或纪录片的反馈。

在这一阶段，学生应清楚认知以下两点：产品要达到何等质量，对这一质量应如何进行评估。在确定产品优缺点之后，他们需要花费更多的时间，回过头来改进原型。在这些改进之后，再一次去确定产品优缺点。接着，学生们可以在这个正在运行的循环中再次进行改进，直到产品做好准备发布。

第七阶段：现在是产品发布时间！

最终，学生们会面向真正的受众，发布作品，并试图说服人们，他们的设计是值得考虑的。到了这一步，他们就有机会见证自己的想法是否切实可行。受众会喜欢吗？他们会用它吗？

这种真实的反馈提供了一个更能以同理心思考受众心理的机会，而这一机会将提升学生对这一问题的认知。之后，学生们可以开始一个新的循环，着力于开发2.0版本或创造全新事物。

需要注意的是，设计思维循环并不是一个要你严格遵循的公式。你可以把它看作是灵活、可调整的。学生在创造时可能需要做一些研究，在到达“探寻想法”阶段前，他们的想法可能会来回变化，这都没有关系。

LAUNCH循环适用于我的课堂吗

乍一看，这七个阶段既错综复杂又消耗时间。你甚至可能会想，“我不可能在学生项目中这样去做。”教育工作者（包括我们）有时没有注意到的是，学生们可能需要回到前面的阶段。如果最开始缺乏足够的研究，那么他们可能在尝试解决某个问题时反复尝试失败。如果得不到正确的信息，那么他们的进度将会很缓慢。要是缺少“发问”环节，那么其研究也只是停留在表面，没有真正的好奇心。而如果没有“观察、倾听、了解”环节的话，他们对问题就缺乏足够的认知。

从长远来看，LAUNCH循环实则是帮教师节省了时间。它把创造性流程分解成了若干部分，使学生可以分步完成任务，从而简化了创造性流程。教师也可以根据自身需求，对这些步骤进行修改。

头脑加速

斯坦福设计学院

斯坦福大学，尤其是斯坦福大学设计学院，一直致力于设计思维。它们的网站（dschool.stanford.edu）、K-12网站（k12lab.org）都为各层级教育工作者提供了绝佳资源。我们欣赏斯坦福大学的教学方式，他们聚焦在创新者上，而非创新，下面是他们的理念：

在设计学院，我们通过实践进行学习。我们不仅要求学生解决问题，更要求他们确定问题所在。他们从实际出发，与他们设计产品的目标用户建立同理心，找出他们希望满足的真正需求。接着，他们进行反复研究，然后得出一系列出乎意料的可行方案，之后创造出简易模型，之后再加以实践，结合真实的个体进行测试。

我们更加注重实践，以及对过程中的个人发现进行反思。反复进行才能检验实践：学生在所有项目上都尽可能进行多次循环，而每一次循环都将使他们的见解更加深刻，使他们想出更多出乎意料的解决方案。

设计思维看似迟缓，但长远来看，却能节省时间。

设计思维适用于所有学科吗

我（约翰）曾有机会教授全部学科。在以探究为主的科学实验领域（较少涉及创造原型，更多是进行实验和检测）、写作领域（涉及对目标读者有概念、头脑风暴、写作、修改、出版）及社会研究领域时，我发现，设计思维的表现不俗。

可是，我曾觉得很难将其应用于数学领域。我们曾运用过达恩·迈尔的“视觉提示法”，引入了问题解决、比较、测试、改进等诸多概念，最终也只是小有成效。但唯一例外的是，设计思维在“概率统计”单元发挥出了其应有的效用。这是因为，在学生学习这一单元时，他们可以运用自己的概率知识，设计出一个全新的棋盘游戏。

我们不妨看看校内已然萌发设计思维的地方。比如，设计思维非常适合应用于新闻、手工课、烹饪、戏剧、艺术和音乐等科目。这些课程有一个共同的特点，即它们都非常适合实验、尝试、改正错误和发现探索。或许，我们是时候把这些特点融入核心科目当中了。

设计思维适用于所有年龄段吗

在人们看来，设计思维仿佛是一个面向中学教育的框架，但它实际上也适用于小学阶段。低年级学生天生好奇敏感，这就很自然地引出了LAUNCH循环的前两个阶段。和小朋友一起发现探索绝非难事，毕竟在他们眼里，虫子都十分有趣。

虽然在“理解问题或过程”阶段，低年级学生还需要更多的支持，但他们却很愿意了解新鲜事物。如果作为教师的你，可以把各路嘉宾请进课堂，并将其作为主要的教学资源，那么，学生便能通过提问来进行探究。市面上有面向幼儿阶段的书籍以及在线资源，可用于培养学生的阅读能力。以科技为依托的视频和各种多媒体形式提供了无穷无尽的信息资源。

此外，低年级学生往往会在“探寻想法”和“创造”阶段非常有活力。你站在操场上，观望着这群学生：他们在幻想崭新的世界发明着全新的游戏。若是给他们一个纸箱、一把剪刀和一卷胶带，你便能亲眼见证，他们是如何发明创造的。

乍一看，低年级学生可能没有耐心去发现自己作品的优缺点，并进行改进。然而，早在少儿时期，他们就已经经历了各种不断改进的过程。他们总是在不断犯错。想想孩子是怎么学骑自行车，怎么学外语，怎么学乐器的吧。在这些时刻，他们的耐心可是超出了大多数成年人的极限。

诚然，设计思维适用于所有年龄段，但也要确保适合处在不同发展阶段的孩子。高中生往往比低年级学生更加自主。所以，支架式教学很重要。低年级学生往往需要更多操作和触觉上的互动。正是考虑到这一点，我们在这本书中介绍了面向每一个年龄段孩子的课堂示例。

设计思维最适合应用在什么场景

设计思维最适合应用在以下场景中：

- **在学生制造实际产品时**——我们有过失败的项目，因为当我们在经历LAUNCH循环时发现，我们没有合适的材料来制作像样的原型。当时我们只是模糊地称其为“创造一件产品”项目，学生们于是想要设计一辆汽车，但我们根本没有完成这项工作所需的材料。所以，关键在于，我们能够以一种切实可行的方式创造原型，而非只是有一个概念性的想法。
- **在学生有时间完成LAUNCH循环的所有流程时**（通常是比较大型的项目）——我们也曾试过在短短两个小时的时间里运用设计思维，但从头到尾都过于匆忙。在运用设计思维时，最好学生能够在项目里投入充足的时间。
- **当作为老师的你有权支配工作时**——这是一个你无法回避的事实：当你处在高压应试环境中，很难把大把时间用在大型项目上。但是在后面的章节中，我们会介绍一些实用策略，教你如何将设计思维项目和考试标准联系起来。除了这些，我们还会为你提供可修改的模板，以便你与其他利益相关者——如学生的父母、学校管理者等，沟通用设计思维教学。

- **当学生正在解决的具体问题对他们很重要时**——这就是为什么，学生的自主选择和探究在这一流程的初期至关重要。在设计项目中，有些地方可能乏味冗长、困难重重，学生们也有可能四处碰壁。但是，如果他们能全身心地投入到工作当中，便能坚持完成整个创造过程。

LAUNCH循环的力量

凯恩·蒙罗伊非常喜欢游乐场，因此，他决定打造一间属于自己的游乐场。在只有胶带、捆包带和大量纸板箱的条件下，他开始设计属于自己的游戏。他会研究游戏的工作方式，然后在创造游戏前“探寻想法”并对其进行测试。正如凯恩的父亲所说，“他喜欢把东西拆开，看看它是如何工作的。虽然他不怎么会拼东西，但是他很会拆东西。”

虽然凯恩对设计思维一无所知，但他却通过关注、发问、设计、搭建、最终测试产品这一整套流程实践着LAUNCH循环。

但即便如此，他还是缺失了一个重要的模块——观众。如此杰出的创造力也仅仅局限于单一受众。每个周末，他都会带着门票站在街旁，邀请几位附近的行人参与游戏。

接着，大事发生了。

那是夏季的最后一天，一位名叫纳凡·穆立克的电影制片人驻足在商店门口。眼前的景象使他无比惊讶——之后，他通过社交媒体组织了在你眼中：

在孩子眼中：

一场快闪活动，又制作了一部纪录片。令凯恩欣喜的是，大量的人都围过来，都想玩他创造的纸板游戏。

然而，这还只是个开始。短片如病毒般传播，突然之间，凯恩不仅有机会向大批观众演讲，还最终登上了TED的舞台。接着，凯恩和穆立克共同创立了“想象力基金会”，发起了“全球纸板挑战赛”。

设计思维有着许许多多的“谬论”：它需要大量的资源，它在高年级学生身上表现最佳，它需要一间最顶尖的STEM实验室。而“凯恩的游乐场”则使这些“谬论”土崩瓦解。注意，在凯恩第一次开始打造纸板游乐场时，他虽然年纪尚小，但年龄没有限制他设计游戏并在持续的循环中对其进行修改。我们还需注意，他的材料是很有限的。他既不需要3D打印机或者创客工具包，也不需要全世界功能最齐全的工程软件。如果说是什么推动了他的创新的话，那恰恰是环境、实验的自由方面的限制推动了他的创新。

除了创造力，“凯恩的游乐场”还展现出了受众的力量。若是他的作品没能公之于众，凯恩也将永远是一个创造了纸板游乐场游戏的、孤独的男孩。正是因为快闪活动和如病毒般传播的视频，凯恩才有了作为领导者的信心。如今，“凯恩的游乐场”已经由最初的一个项目演变成了一场运动——这场运动激励了全球的教育工作者来参与纸板挑战，发起设计项目。

总而言之，这种通过“发布产品”树立起来的信心，正是我们想要赋予学生的。在他们当中，并非人人都能发起运动，但却可以发布一些东西；并非人人都能搭建惊人的游乐场，但却可以有所建树。如果说凯恩的故事证明了什么，那就是创造力是深深扎根于人性的。LAUNCH循环是一种强有力的方式，可以用来设计有意义的产品，并将其分享给真实受众。

第四章

观察、倾听、了解

Look, Listen, and Learn

不求成为最好，却要尽你所能。

——莎拉·托马斯

随便想一件你用的产品。它可能是你早餐吃的培根甜甜圈，也可能是去年冬天家人给你买的难看的松松垮垮的毛衣。这些，都是实物产品。

然而，这件产品也可能是你在会前准备期间（你懂的，就是没被会议占用的那段时间）听到的歌曲，播放音乐的应用程序，或是为了免费在线听歌而无法跳过的广告。

实际上，你的周围都是设计出来的东西。

这里面，有的是无形的服务，有的是有形的商品；有的实用至极，有的则是纯粹的娱乐消遣。除去种种差异，这里的每一件商品或每一项服务都始于具体的设计。

所幸，设计并非始于顿悟。无论设计成果是艺术的还是实用的，是一项服务还是一件商品，是工匠打造还是工厂生产，每件产品都是从某个想法开始的。那么，这些想法从何而来？如何开发正确的产品种类？在你犹豫不定时，又该从何处下手？对于这些问题，LAUNCH循环提出了一个有趣的见解。

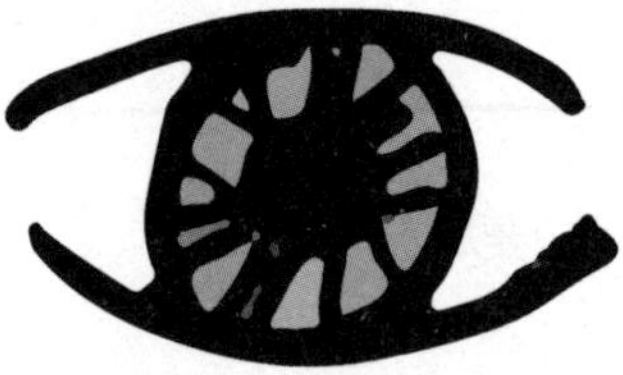

观察、倾听、了解

第一阶段：从认识与了解开始

很多设计思维专家和爱好者都将“同理心”作为设计思维的第一阶段。他们认为，设计师首先应充分理解受众。如果你想设计出一款产品，首先你要清楚地知道，消费者正在解决何种麻烦、需求或问题。如果是写一本书，在你写第一个字之前，就要先考虑到受众。而如果你要写一首歌，你也要清楚地知道，有谁会来倾听。

将“同理心”作为设计思维的第一阶段是有一定道理的，因为你当然是希望自己能够创作出被受众使用的产品。可是，通过与各行各业设计师的交流，我们发现，伟大的设计并非总是始于特定的受众。艺术家一时兴起进行创作，可能到很久以后才能找到作品的受众（比如文森特·梵高，简直太久太久）。好奇和探索或许能激发想法。当一个人对某种现象或系统产生了自然而然的兴趣，创造性作品便将接踵而至。

我们把“认识”定为设计思维的起点，因为“认识”不仅可以让你与受众有同理心，也可以让你对流程、系统或现象有深刻的认识。这种认识可以是科学的或艺术的，可以是社会的或经济的，也可以是以人为中心或以系统为中心的。对于每个班里的每位学生来说，其认识都不尽相同。

七个拓展学生认识的策略

让学生对某样事物建立起认识，其过程因项目而异。依照你所教授的科目、班级学生的组成、学生的年龄段及希望他们创造出的最终产品，这一过程将各有不同。你需要明白，认识不是你在别人身上创造出的东西，而是你必须要去发掘的一份渴望。但是，你可以通过构建场景来拓展学生的认识，增强他们的好奇心。以下是你可以用到的七个策略：

1：从观察现象出发

在学习数学和科学时，观察是一个天然的工具。学生们看到一个特定现象，接着，他们对其的认识将不断增强。比如，当他们在看磁铁或植物时，他们会将当前的观察和过去的观察进行对比。有时，他们的亲眼所见会证实过去所知；有时，新的见解会挑战他们对世界运行方式的先入为主的观念。无论以何种方式，他们都能够对这一主题有更多的认知。

在“观察、倾听、了解”阶段，学生可能只会就自己的观察和经历提出问题，或是专注于数据或趋势。这一过程看似并不具有创造性。学生们可能不大会说“我想依据此次观察创造什么”。（事实上，我敢保证他们不会说这种话。）但即便如此，他们的求知欲能让他们提出问题，然后进行调查研究，最终找到关于产品的想法。

作为教师，你可以为学生提供亲自实践的体验，让他们一边玩一边观察，从而挖掘他们的好奇心。你甚至可以组织一场实地考察——一次走出课堂的远足也未尝不可。另外，你还可以运用课堂教学手段，使观察效果变得更为显著。或者，你可以让学生静坐观察某一有机体，比如一个动物或一株植物，然后让他们在纸上画出自己的见闻。总之，无论采用发掘学生好奇心的何种方法，你的目的都是让学生参与其中，使他们对自己的亲眼所见产生更加浓厚的兴趣。

教师提问

- 你看到发生了什么？
- 你注意到了什么？
- 你在观察时会想到什么问题？
- 你对它的哪一点感到好奇？
- 它很有趣吗？回答是或不是，并说明原因。

- 和它近距离接触，然后从视觉、听觉、嗅觉等角度对其进行描述。

句 干

- 我注意到________________。
- 我看到________________。
- 我正在看/闻/听/感觉________________。
- 我觉得它很有趣，因为________________（描述看到了什么）。
- 我有这样一个问题：________________。
- 我发现在________________时候发生了________________。这件事有些奇怪。

课堂示例

在见识了磁场的奇妙之后，学生们描述自己观察到了什么，进而引出了一系列探究问题，这些问题又引导他们进入研究。最终，他们开始研究磁悬浮过山车，将自己的所见所想应用于实际产品的创作当中。

2：发掘天生好奇

策略一是对现象进行观察与体验，但策略二却是基于孩子们对世界的各种问题。比如，为什么叶子的颜色会变？为什么鼻屎的颜色会变？世界上最高的建筑是什么？用多少包果冻才能把吉萨金字塔填满？

孩子们会自然而然地被世界中的奇妙所吸引。如果你不信，可以和一个四岁的小孩出去玩一圈，然后记录下他所提出的全部问题。但不幸的是，学校更经常做的是帮助学生找到问题的答案，而不是让学生对答案提出疑问。学生不仅少有提出疑问的机会，同时也很难去追根溯源，寻找问题的答案。

在最一开始，提问与产品设计的关联不是很密切。毕竟，问“为什么鼻屎的颜色会变”如何能引导产品设计呢？但学生一旦开始探究问题、寻找答案，最终，他们往往都想把自己学到的知识用某种创造形式表现出来。这种创造形式可以是一集播客，也可以是一段与大家分享答案的视频，它甚至有可能催生出一种全新的关于产品的想法，而这正是由学生对世界的天生好奇衍生而来。

想想有多少种“创造力类型”正是因为对世界的好奇而被激发去创作？艺术家常说，是那些他们注意的事物或让他们内心燃烧的问题，将他们最终引向了创造性工作。工程师们也时常描述，一种特殊的好奇心使他们对物理过程有了更深刻的理解。那么现在，如果你的学生也具有探索和发现的机会呢？他们又是否也有可能，成为某种“创造力类型”呢？

教师提问

- 你对什么感到好奇？
- 你希望自己正在学习什么？
- 你对世界有何疑问？
- 如果学校里没有任何科目，你的唯一准则就是学习，那么，你会学习什么？
- 有什么事是你一直想知道的？

句 干

- 我想知道为什么________________。
- 我想知道怎样才能________________。
- 我想知道如果________________，会发生什么。
- 我一直对________________感到好奇，因为________________。

课堂示例

学生们首先提出一连串的问题，这些问题将推动他们走向研究。接着，他们围绕某个想法展开工作，并找到一种方式，向更大的受众群体展示他们对于这一问题的解决方案，呈现方式可能是视频、播客、博客。

3：从对某一具体问题的认识出发

当学生对某一问题有所认识、了解之后，常能引发他们创造出某种服务。比如，当学生们了解到令人心碎的社会问题时，他们常常会产生同理心，探索问题，并提出一种潜在的解决方案。

也就是说，他们最开始需要的只是对具体问题的存在有所认识，并且知道他们能够找到问题的解决方案。

教师提问

- 你关心哪些问题？为什么？
- 你希望自己能做一件什么改变世界的事？
- 我们学校所面临的最大问题是什么？我们的城市、世界呢？

句 干

- ________________困扰着我。
- 我关心的一个问题是________________。
- 这个世界上的________________让我很伤心。
- 我注意到________________（说出事宜或问题）。我认为这很重要，因为________________。
- 我在________________的时候很伤心，因为________________。
- ________________是当今世界的最大问题之一。这个问题对我很重要，因为________________。
- 如果我能改变世界，我会________________。

课堂示例

学生们先是思考这个问题“你将如何改变世界”，然后针对某个具体问题的原因与影响提出探究性问题。他们采访社区成员，进行需求评估调查，最终形成某个具体服务项目。

4：从对特定群体的同理心出发

策略四和策略三的区别在于，策略四始于对特定群体的同理心，即与某个特定群体产生心理认同。比如，相比于简单地关心贫困问题，学生们可以对穷人产生同理心，因为他们自己曾经历过（或知道有人有经历过）饥肠辘辘或四处漂泊。个人经历让他们从心底把自己和贫困人口所面临的问题联系起来。随着时间的推移，这种经历和同理心使他们能够提出惠及穷人的解决方案。

一些极佳的社会解决方案，就是源于对特定群体切身经历的尊重。最初注意到这点，是我（约翰）在一所学生来自低收入家庭的市区学校工作的时候。我的学生们深知贫穷，他们曾亲眼见过自己关心的人饱受贫困的压迫。尽管我的很多学生都不会自称穷人（在他们看来，贫穷即是无家可归），但他们知道何为贫穷，他们能感受到贫穷。因此，创立服务项目时，他们可以设计出一套具体的解决方案。

不过，同理心也不一定和社会问题有关。学生也可以与某个特定消费者群体产生同理心。当他们能看到一个特定群体所遇到的具体问题，之后他们才能开发出满足消费者需求的产品。许多企业家都是在和有着共同问题的人交谈一番之后，才提出了对新产品的构思。他们会在试图理解潜在受众的态度、信仰、情绪和心态时产生同理心。而对于用户来说，这一产品也往往更具价值——因为产品设计者在创造产品的时候，心里装着真实的用户，而非一个理论化的市场。

教师提问

- 思考一个特定群体（比如运动员、家长、学生、工程师）。他们可能面临怎样的问题?
- 社会中有哪些群体正面临着不公？这其中有哪些原因?
- 思考一个在学校、城市、社区中遭受虐待的群体。这是一个怎样的群体？请描述事情的来龙去脉。
- 什么样的受众未能享受周到的服务？为了使他们受益，你可以创造出什么？

句　干

- 这似乎＿＿＿＿＿＿＿＿＿＿＿＿。
- 当我和经历＿＿＿＿＿＿＿＿＿＿的人交谈时，他们提到＿＿＿＿＿＿＿＿＿＿。
- 很多人面临的一个问题是＿＿＿＿＿＿＿＿＿＿＿＿。这使我感到困扰，因为＿＿＿＿＿＿＿＿＿＿＿＿。
- ＿＿＿＿＿＿＿＿＿＿＿＿所面临的一个小问题是＿＿＿＿＿＿＿＿＿＿＿＿。

课堂示例

就在我（约翰）执教的第三年，我遇到了一位新来的老师，他的名字叫哈维尔·卢西罗。后来，我们成了很好的朋友。他和我一样，都希望学生能为社区服务。尽管我们这儿是一所贫困生学校，这里的学生也大多是慈善的接受者，但我们依旧想让他们为自己的社区服务。一天下午，我和他分享了一份服务项目清单，上面写着我想让学生做的事。他摇了摇头说，“让他们自己决定。让他们从认识、了解问题开始，自己去做研究，然后自行规划项目。”几个星期之后，我创立了一个名为“影响力”的项目。就这样，这所中学的学生共同从他们对社会问题的认识出发，通过LAUNCH循环为我们的社区服务。这其中蕴涵着强大的力量

这股力量始于学生的认识、学生的问题，以及学生的声音。

5：从有待解决的具体问题出发

通过前面这两个策略，学生们可以有效发现社会需求。而接下来这

一策略的重点，则更多地以产品为导向。比如，我们在做设计产品的项目时，学生们从一个具体的消费者问题出发，例如：如今，大家所面临的恼人的问题都有哪些？

和之前的方法有所不同，这次，我们的出发点并非群体，而是问题本身。学生不会对未来的消费者进行采访，也不想弄清究竟谁会用他们创造的东西。相反，他们会思考具体问题，确保能够清楚地认识到问题的重要性。

一旦发现问题，他们便会把视角转向特定群体。“这一问题将如何影响孩子？如何影响家长、老师或运动员？”通过步入这一阶段，学生们会对某个具体问题，以及该问题如何影响某一群体有所认识。

教师提问

- 人们正面临着什么恼人的问题？为什么是这样一个问题呢？
- 你希望自己能创造出什么来造福世界？
- 你希望自己能创造出什么产品？它将解决什么问题？

句 干

- 我希望能创造一个________________，因为________________。
- 如果有人创造出______________，那么它将解决______________问题。
- 我们面对的一大问题是________________。这一问题之所以存在，是因为________________。

课堂示例

学生们考察消费者的某一具体需求，他们就这一问题为何如此重要进行深入讨论，并探讨引起这个问题的原因，以及该问题的影响力。接着他们针对已经存在的其他解决方案进行市场调研。这些将引导他们形成关于产品的想法与原型。

6：从一个产品想法出发

有时，认识始于一个产品想法。或许，你会在班里安排一次特定的挑战，比如写一部小说、创建一个博客，或是拍摄一部纪录片。这就是“全国小说写作月”背后的理念。学生们对想要做一个什么产品有着清楚的认知，之后再去研究、围绕想法展开工作、建造原型。但在最初阶段，他们并没有考虑需解决一个什么问题、受众是谁、创造流程是怎样的。他们只是对创作产品这件事感到兴奋不已。

如果学生简化流程，没有经过研究或构思想法的阶段，就直接聚焦某个具体的想法，那么学生将无法创造出与众不同的产品。比如，就小说而言，他们可能会说，“我想写一本书，书中的主人公是一名六年级的忍者少年。”但在研究阶段，他们可能会去研究其他书籍，然后发现，这一概念早就在《六年级忍者日记》中被深入讨论过了。

为了帮助学生保持思维的灵活性，教师可以分享一些产品的案例，这些产品最初始于一个想法，但在最后，却是一个完全不同的概念。其中一个策略就是让学生事先列出一个他们的产品想法。或者，让他们针对一个产品想法，思考可以如何改进。还有一个策略是让学生对某个产品（如书籍、博客、电影等）进行评论，列出什么让这个产品很棒，什么让这个产品很糟糕。

教师提问

- 你喜欢什么类型的________________？它们为何如此出色？
- 有什么类型的________________虽然目前没有，但它应该存在？
- 如果你能改进________________，你会怎么做？
- 想到伟大的________________，你会注意到什么？
- 对于一个杰出的________________，你的标准是什么？

句 干

- 我想创造一个________________，因为________________。
- 如果我们________________，那么________________会变得更好。
- 我认为发明______________、______________和______________很酷。

课堂示例

在全国小说写作月项目中，学生从一个清晰的产品想法出发。他们会头脑风暴出种种可能性，然后再转向研究，对这个想法的原创性进行市场调研，他们甚至还有可能会研究他们希望创作故事的背景。接着，他们将以网页、信息组织图和人物素描等形式酝酿创意，之后通过写作开始原型的创作。

7：从兴趣出发

设计的出发点不一定非得是大胆的想法、与受众的同理心或是对问题的清晰认知。设计的出发点也可以只是一个兴趣。通过“20%工作时间”项目和“天才一小时”等活动，学生可以自由挖掘自己的兴趣爱好，并最终将自己的知识应用于产品创造。这种方法的好处在于，由于学生可以自己做出选择，因此极大调动了学生的内在动力。此外，这种方法还能让学生在发挥自己已有知识的同时，体会到外部的理解与肯定。所以，你有没有学生对钩针编织、独角兽或是忍者感兴趣？让他们从自己的爱好出发吧。创造性项目本身固然具有挑战性（特别是在研究阶段），可是只有当学生的出发点是自身的兴趣时，他们才能坚持走完整个流程。

教师提问

- 你最想知道什么？
- 你对什么最感兴趣？
- 如果你能自由选择学习喜好，你会选择在学校学习什么？
- 假设你什么都能学会，那么，你最想学的是什么？

句 干

- 我想了解________________，因为________________。
- 我一直痴迷于________________，因为________________。
- 我希望能更多地学到________________，因为________________。

课堂示例

在我们一档名为“好奇心”的播客节目中，学生们从一个想要找到答案的问题出发，然后开始在网上进行调研。如果你人脉宽广，他们甚至有机会亲自采访业内专家。在找到这个问题的答案之后，他们策划播客内容，然后录音、剪辑，最终完成发布。

当学生对某个问题有所认识后

“J先生，这是真的吗？”提问的声音从教室后方传来。托德很少在课上发言，但今天他似乎有些不开心。

“没错，这是真的，”我回答道，“但可悲的是，这种事在全世界都很常见。”

“可是，”托德回答说，“如果这种事情正在发生，为什么联合国或者其他人不去那儿阻止呢？这不就是我们成立这些组织的原因吗——让它们阻止事态愈演愈烈？”

现在，很多学生都举起了手，迫不及待地想要就刚刚目睹的画面分享自己的看法。这是我第一次给班里高一年级的学生放映纪录片《看不见的孩子》。他们想得到答案。影片讲述的是三位年轻人前往非洲的故事。在那里，他们亲眼目睹了儿童在战争中所遭受的不公正现象。

“稍等，”我说，“在我们深入探讨刚才看过的影片之前，让我先来问个问题：你们当中，有多少人知道，这种侵犯人权的行为正在我们所居住的世界里发生着？”

没有学生举手。教室一片安静。

“你们不觉得，”我继续说道，“这也是问题的一部分吗？你们不觉得，如果人人都了解这个问题，他们将重视这个问题吗？你们不觉得，这个问题应该出现在世界各地的新闻频道，直到有人采取措施，终止对儿童的施暴行为吗？”

沉寂了几秒钟后，凯利，一位敢于发言的学生，终于说道，“是的，应该上新闻。如果事情发生在美国，我们肯定都会知道。”

“凯利，我认为你讲得不错。我也在想，这是一个多么可怕的现实啊。所以，我们该怎么办呢？”

接下来，才是学生们下定决心的时刻。他们选择通过开展强有力的宣传活动，向全世界通报当今世界正在发生的侵犯人权的行为。

让学生自主选择

每每谈到学生在课堂中的自主权和选择权，我总能反复听到许多同样类型的问题：

- 你怎么能让学生负责？
- 他们要是在自己的时间里无所事事呢？
- 所开展的活动是否与课程标准相关联？
- 我的课程内容已经是确定的了。我怎么能做这件事呢？
- 对于一个由25名学生组成的班级来说，这是不可能的。

可是，我教的高一年级学生就在这一年里发起了强有力的宣传活动，而且每班的人数还是25到30人之间。他们通过分组，相互负责监督。学生的表现超出了我们在课程中所写的任何内容，其标准也远远高于我们做过的其他项目或活动。

为什么会这样？

因为他们选择了创建他们关心的项目。

在我们讨论了当今世界发生的侵犯人权、童军和种族灭绝等问题之后，我的学生们想要做点什么。

最近，我们专门用一节课品读了埃利·威塞尔的《夜》。下面这段话出自纳粹大屠杀幸存者、政治活动家埃利·威塞尔。我们的活动旨在提升人们对侵犯人权行为的认识，而这段话给予了我们指导：

> 我发誓，无论何时何地，只要有人忍受苦难和屈辱，我便永不沉默。我们必须有立场。保持中立将帮助压迫者，而非受害者；沉默将鼓励折磨者，而非被折磨者。

作为一个班集体，我们决定不做旁观者。我们决定表明态度，站稳立场。这个新项目即是用我们的声音让人们认识到这一问题的存在。

按照传统，在这一单元，学生通常会就纳粹大屠杀和种族灭绝写一篇文章。此外，他们还会给参议员写信，讲述当前侵犯人权的情况。

但那一年，他们想要再向前努力一步。我们共同创建了一个新项目，旨在提高人们对当下侵犯人权行为的认识。之所以说“我们”，是因为学生在这一项目上投入了太多太多。

项目式学习

“全球通告”项目于2008—2009学年创建于威萨希肯高中。学生自由选择小组，研究当下侵犯人权的情况。每个小组都选择了各自十分热衷的侵权案例。为了让公众关注到社会的不公之处，他们制定了相应的计划。计划落实之后，学生评估了每种媒体形式在传播信息和提高人们对此问题认识方面的效率。在“全球通告”项目结束之际，他们还和成千上万的青少年分享了自己的观点。

到了2009—2010学年，威萨希肯高中更是在几乎所有高一年级的班级推广了“全球通告”项目。数百名学生通过视频、网页及脸书发起了这场运动。许多学生团体也聚集一堂，通过举办活动来支持这场运动。学生们由此募集到了数千美金，而这一项目也变得广为人知。

作为一名教师，“全球通告”项目是令我最为自豪的成就之一。为了让广大公众认识到如此严重的侵权行为，这些十五六岁的学生付出了太多太多。每当想起他们的付出和努力，我就感到震惊。该项目提供了一个实例，让我们看到如果我们给予学生选择权和对学习经历的自主权，学校里究竟会发生什么。

等到下次再在班级里开展项目或活动时，问自己以下问题：

- 每位学生都对学习持有何种态度？
- 他们参与活动是基于外部还是内部因素？
- 学生们是否就如何取得成果有了自己的方法（或目标）？
- 他们是否反思了实现这些目标的可行性及其他可行性措施？

在进行“全球通告”项目期间，学生们还填写了行动计划模板，为的就是确定“我们的目标是什么”以及“我们怎样才算成功”。

行动计划模板

行动步骤： 该做完什么？	责任人： 谁做的？	截止时间： 什么时候做完？ 几月几日？	资源： 我们有什么？ 我们需要什么？
第一步:计划			
第二步:			
第三步:			
第四步:			
第五步:			
第六步:			
第七步:			
第八步:			
第九步:			

头脑加速

以学生为中心的学习正在兴起

除了通过这一项目获得的所有好处之外，它还让我看到了，以学生为中心的学习在课堂上究竟是什么样子。我们来看看以下对“以学生为中心的学习”的定义吧。

以学生为中心的学习（Student-centered learning，简称SCL），或称以学习者为中心的学习，是一种将学生（或学习者）置于学习过程中心的学习模式。在以学生为中心的学习中，学生是自身学习的积极参与者；他们依照自己的步调学习，运用自己的学习策略；相比于外在动机，学生更具备内在动机；相比于标准化，学习更具有个性化。以学生为中心的学习会培养“学习如何学习”的技能，如问题解决、批判性思维、反思性思维等。以学生为中心的学习能够适应学生的不同学习风格。

在这一项目中，许多小组都没能实现自己设定的目标高度。但是，这些小组都无一例外地向全班同学介绍了自己的流程，讲述了在此期间的颇多收获，即便他们未能达到特定目标。这是我第一次听到，学生在用积极的态度探讨“失败”。

通过“全球通告”项目，这些学生观察、倾听、了解了世界各地侵犯人权的行为，从而对这个问题产生认识。接着，他们把这一项目变成了全社区的宣传活动。这让我知道，当你挣脱了学习的枷锁，让学生满怀激情地去创造、创作、发布成果时，会发生何等奇迹。

第五章

多多发问

Ask Tons of Questions

提问，这不是一个新概念。

——乔伊·柯尔

你可以把自己想象成一个正在听老师讲话的孩子。你听到的老师说的话并非正常语速，而是稍有延迟，就像播放视频时偶尔出现的延迟那样。在你想要尽情观看最喜欢的节目时，这种延迟确实令人懊恼。可是，如果你听到的每个词都有延迟呢？

最好的结果是，每段对话都会变得麻烦至极；最坏的结果是，沟通可能存在误解，而这会使你处于劣势之中。

孩子被贴上的标签，往往会成为他们相信的谎言。

但这恰恰就是斯科特·巴里·考夫曼的真实处境。斯科特在三岁时被医生诊断患有听觉处理障碍，这种病症使他几乎无法实时理解词汇。在他刚满九岁时，学校为他出了一套智商测试题。尽管斯科特很努力地回答了问题，但他的分数仍旧很低。

你大概能猜出接下来发生的事。斯科特不仅被学校贴上了“特殊教育”学生的标签，还被分配到了学校的“资源教室”（编者注：安置特殊学生的主要措施之一）——这意味着，他不能和其他同学一起接受教育。这些标签与他的实际认知能力或听力残疾无关，而是仅仅基于那次智商测试的结果。

正如斯科特所言，当你还是一个孩子时，如果有成年人告诉你，你是多么的聪明（或不聪明），你往往愿意相信这个人。特殊教育的标签使小斯科特走上了一条迟缓的学习之路，直到他步入了初三。谢天谢地，那一年，一位名叫乔伊斯的老师看出了这份测试中的不充分之处。她注意到，斯科特不仅天资聪颖，资源教室里提供的资源已远远无法满足他的需求。有一天，她把斯科特拉到一边问道，“你怎么还在资源教室？”

正是这个问题，让斯科特从此走上了自我探索的道路。他问了许许多多的问题：关于他身上的标签，关于他在学校的地位，关于他可以拥有（或应该拥有）怎样的学习经历。这些问题和他自己发掘出的答案，改变了他的一生。

那么，如今的斯科特在做什么呢？让我们来快速地看一下，他的这些问题对其学术与职业生涯产生了什么影响吧。

斯科特取得了耶鲁大学认知心理学的博士学位，之后曾在纽约大学担任教授。目前，他就职于宾夕法尼亚大学想象力研究所。他是一名畅销书作家，著有《绝非天赋：智商、刻意练习与创造力的真相》；闲暇时间，他还为《科学美国人》杂志撰写专栏文章。

天哪。

多多发问

第二阶段：多多发问

斯科特的故事充分地提醒了我们探究和求知的力量。最开始，学校不知道应该如何应对，特别是在斯科特开始提出问题、挑战自己身上标签的时候。他们无法看到，在他接二连三的问题背后，隐藏着的创造潜力和信马由缰的想象力。

我们很容易在听完斯科特的故事后，认为他的故事是一个特例。毕竟，并非每个孩子都天赋异禀。但重点在于：虽然并非每个孩子都天赋异禀，但他们都拥有天赋；虽然并非每个孩子都能创建想象力研究所，但他们都拥有信马由缰的想象力。每个孩子都天生好奇。这些东西不是我们必须去教授的，而是要我们去培养和扶持的。

在设计思维里，我们拥抱这种求知和好奇。当学生在“观察、倾听、了解”阶段，对某个主题、领域有所认识与了解之后，他们自然会开始提问。第二阶段将有助于他们对第三阶段的“理解问题或过程”，这些问题是第一阶段和第三阶段之间的桥梁。

我们希望孩子提出许许多多的问题。事实上，我们相信这也正是学习的起点。

一切都始于求知

几年前，我曾在一个班级教授科学。我在网上搜索了可以吸引学生注意力的教学案例，这些在最初很有效果。我做了一些经典的实验。你知道的，就是类似于往醋里加小苏打、往健怡可乐里加曼妥思、把煮熟的鸡蛋放进罐子里这种实验。

这些实验确实很酷，它们在短时间内燃起了学生的兴奋。可是整个实验做完，学生们唯一了解到的是，他们的老师可以在课堂上复制出网上找来的实验。一周以后，我提升了课堂教学难度：我先做了几个实验，之后再让学生按照指示重复实验。这么做也很不错，但我们依旧只是按照指示来完成任务。

学生应该学习的是，如何像科学家一样思考；但如今，所有学生都在学习的却是，如何像我一样思考。他们之所以没能掌控学习的自主权，是因为他们没有掌控这一流程。他们没有提出问题，没有参与到任何真正的创造性思考当中。

那天晚上，我开车回到家中，我那年仅三岁的儿子如狂轰乱炸般向我提出了一连串的问题：为什么天空只在有些夜里才会变成橙色？为什么有时看得见月亮，有时又看不见？如果有人吃了便便会怎么样？最后一个问题无疑令人不安，但幸好，他还没有做出任何实验来求证这一问题，至少到目前为止。

之后，我看着他在后院跑来跑去，对亲身经历的一切充满好奇。没错，他就是先去观察、倾听，然后再自然而然地提出疑问。为什么都是虫子，但有些会跳，有些会飞？为什么威浮球能飞出有趣的曲线？为什么泡沫的颜色变幻莫测？为什么这些泡沫有的大，有的小？这让我感到震惊：这种求知欲和狂热的好奇心正是真正科学的起点，而这一连串的问题也正是我想从学生那里听到的。

我决定更改教学策略。第二天，我告诉学生，要像三岁孩童一样思考。

“接着，写下你想知道的关于物质世界的全部问题。这些问题没有愚蠢或睿智之分。请认真地，写下你的问题。”

他们起初有些犯难。

“我写的这个算是个好问题吗？”一个女孩问道。

“这是一个问题吗？”我反问道。

她摇了摇头。

“这个问题和物质世界有关吗？”

她点了点头。

“那它就是一个完美的问题。”

学生们的问题包罗万象：

- 为什么脱离了云朵，水会变干？（这个学生又在括号里写道，“我想应该是蒸发吧。”）如果水没在云朵里，那它又去了哪里？
- 我听说，人不可能在一小时内喝完一加仑（译者注：约为3.79升）的牛奶，这是真的吗？
- 如果有人在一分钟内同时服下健怡可乐和曼妥思，他会不会死？
- 为什么有的东西能漂起来？为什么有些轻的东西会沉底，但重的却不会？
- 为什么在相同室温下，我们好像总是觉得，教室里的金属很凉？它真的变凉了吗？还是，只是感觉很凉？
- 为什么纸飞机飞得很快？
- 为什么水中会泛起涟漪？
- 为什么物品会在相互堆放时引燃，而在分开放置时不会？
- 为什么有的化学药品燃烧呈绿色，而有的就呈红色或橙色？

- 为什么把醋和小苏打混合在一起后会冒烟？这是真的烟吗？
- 真的有人能生成蓝色火焰吗？还是只是一个传说？
- 如果把蜥蜴放在一个通体黄色的容器里，即使没有任何外界因素强迫它做出自然选择，几年以后，处于这一环境中的蜥蜴还会变色吗？我是说，假设你有一间黄色的屋子，里面的蜥蜴都是正常的，那么，它们会在20年后变成黄色吗？还是100年？还是一直也不会变色？

无论是从实用性角度，还是从对科学的理解上来看，这些问题都各有不同。当然，其中有些问题是我们无法探究的（比如燃烧化学药品、“让蜥蜴进化”、吃下成吨的曼妥思后再喝下健怡可乐、尝试通过点燃本生灯形成蓝色火焰）。可是，随着学生缩小问题范围，他们开始逐渐理解主题、形成思路，最终设计出了实验。

整个过程并不“美好”。它很嘈杂，很混乱，但也很有趣——至少有那么一丝有趣。其实对学生来说，这是一段喜忧参半的过程。但在此期间，他们至少能参与其中。他们在创造性地思考科学。

鼓励学生多多发问，让我们的课堂欢迎好奇心与求知欲。有些时候，我也会让学生观察研究不同物种，这种观察是另一种形式不同的好奇心。这种好奇虽然更慢、更静，但它也同样强劲十足。

在设计项目中，从求知欲出发就像卸下防备一般。如果你能带着一颗好奇心去思考具体受众或真正重要的产品，而非觉得“我必须要知道所有答案”或是“我必须要有完美的想法”，事情就会变得容易许多。有时，学生甚至都可能不知道，自己竟然会在最后创造出一些东西。即便学生缺乏对整个项目全局的理解，他们也会通过提问，逐渐认识到将要在设计中解决的问题。

缩小问题范围

在LAUNCH循环的第二阶段，你需要提出尽可能多的问题。我们常常一开始就告诉学生，“你知道为什么老师告诉你问题没有愚蠢睿智之分吗？当然，在设计项目里，唯一的蠢问题就是‘我应该问这个问题吗？’因为一个看上去愚蠢的问题，却是一次学习的机会。”

有一些最好的发明正是始于一个看似“愚蠢”的问题，一个模糊、不完整的想法常常能激发创新，而这些创新又足以撼动现状。

提出问题需要一定的勇气，特别是当问题看似愚蠢或挑战了公众的观念。如果有学生提出了所谓“众人皆知”的问题，人们便会嗤笑他愚昧无知。但事情的真相是，有时，这些笑他的人才是真正的愚昧无知。

有时，你能做的最具勇气的事就是提出问题。

我（约翰）记得这件事发生在去年：某天上午，一名初一年级的学生拿出了他的笔记本电脑。

“斯宾塞老师，为什么笔记本电脑这么……我是说，如果它们……”还没说完，他就把话咽了回去。

“继续说。你想知道什么？”

他摇了摇头。“我很确定，我们在科学课上学过这个。”

“学过哪个？”

“为什么笔记本电脑这么凉？然后我就又想了很多，比如，如果笔记本电脑实际上不是这么凉？如果它只是摸上去很凉呢？”

话音刚落，周围的孩子都笑了。“哥们儿，电脑之所以这么凉，是因为它整晚都放在手推车里。”

“但桌子也和它在同一房间啊，是吧？”

这一问题引起了我们对导热系数的即兴探索。在接下来的十分钟里，这名学生研究了为什么金属摸上去的温度要低于周围空气的温度。研究结果令人震撼：通常，人们的“感觉”总是高于或低于物体的真实温度。这个实验可能看似是化学课上的简单教程，但对学生来说，却犹如醍醐灌顶。

很多时候，低年级的学生更能无拘无束地提出问题。毕竟他们还没有意识到，有些问题是所谓“愚蠢的”问题。我还记得，我曾去过一个幼儿班，那里的学生纷纷提问，他们的问题多到让我惊叹不已。可就在当天，我却在观察自己的学生时注意到，即使在探究性项目中，仍有很多人不愿意提问。于是，我不得不为他们创造更多的提问机会。

在创造性课堂中，学生们不仅可以回答某个问题，也可以对某个答案提出疑问。一旦我们鼓励学生提出问题，他们就将有机会掌控整个学习过程。这就是一种赋能。如此一来，他们当中就会产生更多积极的参与者。在此期间，学生也会像我们希望的那样，成为终身的学习者。

可是，如果学生对提出问题感到困难，结果将会怎样？如果他们在某种程度上缺少这种天然的好奇心，结果又会如何？

如何帮助学生提出更好的问题

我（约翰）在安静的教室里悠然踱步，我的学生们纷纷静坐桌前。对于外部观察者来说，这个班看似井然有序，但这仅仅是外部视角。透过他们热切的目光，我能看见有三十个头脑在狂奔。他们在发掘天生的好奇心，在笔记本上记录着问题。的确，这既不引人瞩目，也没有科技含量。但千万别被外表蒙蔽，这里面可蕴含着巨大的能量。

十分钟后，我要求各组同学分享他们的问题。他们正在进行一个电子游戏设计项目。话音刚落，教室里便接二连三地传出学生提问的声音。他们各抒己见，像是在打一场思想上的乒乓球赛。有的学生提出了模糊、抽象的问题，也有的提出了具体、实际的研究问题；他们得出了推断；他们把不同体系的想法连接到了一起。这一过程很混乱，但却是一种美丽的混乱。这，就是艺术。

但最开始我的学生可不是这样子，在学年初，我的学生们很难提出问题。他们不习惯在课上提问。但是，随着学期课程的进行，他们提问的意愿大大增强了。以下是一些帮助学生提出问题的可行策略：

1. **允许学生向一切事物提出问题**。让这句话成为你的口头禅！这种做法适用于分析数学、思考社会问题、理解文本，或是分析自然世界的因果关系。每一堂课都应包括以下几点：学生向你提问、向他人提问，或向自己提问——而最勇敢的学生则会通过社交媒体和个人访谈，向整个世界提问。
2. **设立“好奇日”**。这一想法十分简单。学生从自己的问题出发，对其进行研究、总结，之后再进一步提出问题。你能很快见到“好奇日”的成效。这一做法可以帮助学生提高提出批判性思维问题的能力。
3. **对问题给出反馈**。让学生对彼此的问题给予十分具体的反馈。
4. **示范问题**。你可以提出一个差劲的问题，然后说，“谁能告诉我，这个问题为什么这么差劲？”或是提出一个需要深度思考的问题，“为什么这是一个比较难回答的问题？”这样做的目的是使学生认识到需要深入思考的问题是什么样的，思考为什么某一问题是深刻或浅显的。
5. **常常练习提问**。让学生们多多发问。在学期第一周，我们会进行模拟采访、模拟新闻发布会和轮流讨论。我们没有把时间过多花在破冰上，我们更愿意用这段时间学习如何提出更好的问题。
6. **增加娱乐时间**。我不是在开玩笑。在学校，我们允许、鼓励学生去求知探索，而这种求知欲往往就在学生进行娱乐活动时产生。但很可惜，只有低年级学生才有成块的娱乐时间，难怪低年级学生更容易提出问题。这里所说的“成块的时间”，包括你让学生玩耍、探索、发现的时间。

7. **提供支持。**有些学生很难掌握提问策略。一旦你提供了句干，他们就有了提问的出发点。我们知道，可能你不喜欢这种方法，不想为学生们的问题设限。也许你和过去的我们一样，相信学生可以——也应该——自然而然地提出问题。但随着时间的推移，我们开始明白，语言习得水平也可能是提出优质问题的一大阻碍。句干和问题的例子能够帮助更低龄的学生提出更好的问题。

8. **解释及示范不同类型的问题。**问题包括多个类型，比如弄清楚某个知识点的提问、批判性思考的提问和推理性提问。要教导学生这些提问类型。这些问题可能会有所重叠，让学生感觉有些混乱。但即便如此，这种做法还是可以帮助学生思考“哪些知识点需要搞清楚”或“这和我们的生活有何关联”，他们也能提出更好的问题。

9. **让学生在提问的主题上拥有选择权。**如果你对某一话题缺少足够的兴趣，那么你将很难提出与之相关的问题。比如，如果你对汽车毫无研究，你可能只会觉得，野马（Mustang）和兰博基尼（Lamborghini）的唯一区别就是前者的名字更好拼写一些。但对于汽车爱好者来说，每辆汽车都是一件艺术品。喜欢汽车的学生可以轻松提出大量与之相关的问题。

10. **利用小组或班级讨论**。学生们有时会向你提问，有时，他们的提问对象是自己的同伴和小组成员。他们也会向全班同学提问。比如在学生总结文章概要的时候，可以先让他们从自己的问题出发，然后展开全班范围的讨论。这种方式可以营造出一种“学生常常提问”的氛围。

11. **慢下来**。我记得小时候，我十分惊讶于竟然能从土中吸出铁来。我们拿出磁铁，插在各种土里，直到把铁屑吸附上来。虽然整个过程十分缓慢，我们也不怎么着急，但这恰恰引领我们走上了一条探究之路。这些让学生释放好奇心的放松时刻，正是学生所需的，他们在这样的时刻更容易提出更深入的问题。

12. **紧紧追随好奇**。在我还是一名准教师的时候，我的导师经常说：“为了收获智慧，我们要把握每一个激起强烈好奇的时刻。”——这后来成了我的一句格言。我的导师并不清楚这句话最早出自何处，但他想要表达的是，如果有那么一瞬间，你的好奇心灵光乍现，你应该紧跟它的脚步。如果你稍有延迟，事后再采取行动，你便会在此过程中失去某些东西，而这些问题也将随之消散。可一旦你追随自己的好奇心，你便能提出优质问题，从中大有收获。

13. **与学生分享你自己的问题**。一位天生好奇的老师可以感染整个班级的学生。学生们爱听老师讲述“我正在努力搞清楚……”或是“我一直在探索……”。当作为老师的我充满好奇，学生也能感受到我的好奇是没有问题的。你让每位学生感受到：求知是被许可的。当你在课上谈论自己的好奇心，分享自己的问题时，一种重视探究的课堂文化便会随之产生。

14. **减少恐惧。**如果有学生说“我不知道要问点什么”，他的真正含义往往是“我怕我的问题听起来很蠢”。如果你要求学生必须提“正确”的问题，那当你让他们提问时，他们会感觉焦躁不安。

什么是“学生自主提问”

在科罗拉多州丹佛的“复活”学校，学生可以提出各自的问题。这是一次针对探究式学习的大胆尝试。这里不仅不分年级、不分学科、不分年龄段，就连每堂课都没有明确的教学目标。学生不会有具体的分数，而是直接从课上得到反馈。

“首先，我们会设定一个主题。之后，再让学生一一提问。”这所学校的米歇尔·鲍德温老师解释道。

这些问题往往能引导出更大的设计项目。鲍德温班里的学生就曾设计过一个高尔夫球场、一处空间站和一座模拟城市。在此期间，他们的老师将扮演推动者的角色，为学生提供材料、设计情境，激发学生的求知欲。

“你永远不知道项目结束时会是什么样子，”鲍德温解释说，“有一回，学生又对火星探测仪有了兴趣。等到项目结束，他们不仅给宇航员发了推特，还和工程师交谈了一番。在这个互联互通的世界里，他们可以用前人无法想象的方式接触到专家。”

她又解释道，即使学生们所处的环境如此开放，也仍旧偶尔有人退出，而她必须要做的，就是引导这些学生回到最初的问题。虽然有些时候，学生们可能难以适应自由的环境，但这是学习过程中的一部分。随着学生们越来越多地体验到这种自由，他们开始自主成长，学会欣赏项目管理的艺术。

在设计思维里，这是一种反直觉的元素。我们越是对学生放任不管，他们越能各司其职。探究的自由不会招致懒惰，而是让学生意识到自己的职责所在。

“如果学生不能提出自己的问题，他们就无法变得独立自主、有责任心、有批判性思维。到那时候，你教给他们的就不是责任，而是顺从了。”

你可能会想，“这种模式的确可以在‘复活’学校发光发热，但我所执教的学校却对评分和教学标准有着严格的制度。”

这也没有关系。

即使在“复活”学校，老师们在引导学生提问的方式上也各有不同。但无论如何，米歇尔・鲍德温的班级向我们证明了一点：让学生提出问题不但行之有效，而且适用于任何年龄段的任何学科。学生一旦可以提出自己的问题，便有机会掌控整体的学习进度。

这就是我们最终想要的。我们希望学生成为独立思考者，成为终身学习者，成为创客。而这一切的起点，就是鼓励学生自主提问。

头脑加速

提出优质问题的艺术

你不能指望自己在从未经过训练的情况下，一早醒来就去跑马拉松。同样，提出优质问题也是一个需要经过实践、训练、指导才能得以掌握的技能。如果一个孩子（或大人）处在一种并不鼓励积极提问的环境里，那么，提问就不会成为习惯。

积极提问的宗旨及实践源于古代的哲学传统。在这方面比较有名的是苏格拉底：他会以提问的方式探究假设是否成立、分析思辨是否合乎逻辑、发现未知的世间万物。在苏格拉底看来，提问是教育学生的一种方式，可以让学生理解某一主题，进而发现符合逻辑的结论，教育不是直接告诉他们孰是孰非。时至今日，苏格拉底提问法仍被视为一种强有力的当代教学法。

第六章

进行研究，理解信息

Understanding the Information

每个孩子都值得有人为之疯狂！

——《永恒的影响力》作者，EI校长

此时，我（A. J.）的女儿已经无休止地唱了将近两个小时。这首歌是电影《冰雪奇缘》中的插曲《你想不想堆雪人》。

接着，她还为这首歌编了段舞。我和妻子相互对视，不约而同地说道：她真棒。

其实，那时的我已经开始在脑海中思考，我的女儿是多么的优秀，她能成为怎样的出色人物。我们总是对自己的孩子和学生给予厚望。

再说回我的女儿。我们努力让她有各种各样尝试新鲜事物的经历。我和妻子看着她一路走来——从棒球、足球到游泳、体操，我们都一如既往地表示支持。

但这次却有所不同。我们一直都知道，她喜欢唱歌跳舞，但如今看来，这种喜欢可不止是一星半点。我在想，我的女儿是不是第一次找到了她“钟爱”的事情。

可能，作为父母或老师的你也有过同样的处境。我们为孩子提供了许多机会。当他们最终找到自己的爱好时，我们会因为种种可能而兴奋不已。有时，父母和老师可能会根据自己的兴趣爱好，引导孩子走上体育之路、音乐之路或学习之路，但通常，我们会等待着孩子兴趣的火花悄然迸发。然而，在孩子有了自己最为钟爱的兴趣爱好之后，最大的问题来了：接下来，该怎么办？

答案就是，研究。研究这词听着挺无聊的，但实际上这个过程非常吸引人。

孩子们在学会如何阅读之前，就已经开始研究了。

让我们来解释一下为何答案是“研究”。一提到“研究”二字，我们往往会在脑海中联想到图书馆，一堆旧书，为了找寻一个确凿的答案而不惜用大把光阴去查阅、检索。但它也不一定非要像研究生的噩梦那样——研究也可以像是孩子的白日梦。而下面这点，就是我们在讨论“研究”时常常会忽略的：

在孩子学会如何阅读之前，就已经开始研究世界了。

回到我女儿的例子。在她抛出诸多问题后，我们认识到了研究的必要性。她的问题类似于以下这些：

- 如果艾莎公主只是一个卡通人物，那么究竟是谁在唱歌？
- 为什么她能唱准所有的高音，而我就不行？
- 这首歌的词作者是谁？
- 为什么艾莎公主和安娜公主的歌声不一样？
- 我该如何学会同时又唱又跳？这简直太难了，我会因此喘不过气。

她之所以喜欢唱歌，是因为唱歌十分有趣。但与此同时，要想唱出她期待的那种歌声，也并非易事。况且，她还有着一箩筐的问题。此时，唱歌跳舞就不仅仅是“有趣的事情”了——她想进一步了解自己的爱好。

在此期间，我的女儿给我上了一堂十分重要的课：她不想听到我的答案。

这并不是因为她不信任我（或我的妻子），而是因为她想自己去探索这些想法和问题。我们要做的是引导她去探索，让她通过亲身经历——而非只是我们的想法和观点——去研究唱歌。这告诉了我一个道理：研究并非关于阅读，而是关于学习。

那么，我们为此都做了什么？我们先是看了一场百老汇的演出，然后又看了一场高中生的戏剧排练。为了准备接下来的表演，台上的女高中生正一展歌喉。我们和她们聊了聊天。我的女儿不仅向她们提了问题，还在心中默默记下了答案。另外，我们还观看了纪录片《冰雪奇缘大揭秘》。从这部影片中，我的女儿看到了卡通人物背后的工作人员，看到了他们反复练习、录制歌曲的场景。

我们还去了声乐课、舞蹈课和芭蕾课（好吧，我妻子去了芭蕾课，我没去）。我们在Wii游戏机里下载了歌曲《舞力全开》，这样她就可以练习编舞了。我们在教堂里和唱诗班的聊了聊。我的女儿还练习了圣诞节演出曲目，她一整天都在研究要如何才能唱好这首歌。

研究并非关于阅读，而是关于发现。

其实，我们的研究并无特别之处。我们只是通过各种经历，全身心地投入其中，尽可能地了解唱歌这件事。

你猜怎么着？简直其乐无穷！无论对学生还是成年人来说，只要我们对研究持有正确的态度，那么，通过研究来理解信息会是件十分有趣的事。这就是这一阶段的全部内容。

第三阶段：进行研究，理解信息

在学生提出了诸多问题之后，他们便进入了LAUNCH循环的深入研究阶段。在这里，他们会就自己提出的所有问题，努力寻找并理解答案。他们会深入研究问题，以便对问题有更进一步的理解。接着在下一阶段，学生会在这种理解的帮助下，探寻想法。

通常，学生们会再次回到列满诸多问题的列表中，找出可以着手研究的具体问题。在此过程中，我们将遵循以下标准：

- 这一问题应当与学科相关。
- 这一问题应当言之有物。换句话说，像“世界上为什么会有痛苦存在”这种问题，就略微有些宽泛。
- 这一问题应当是以目标和事实为基础的。所以像“为什么紫红色如此难看”这种问题，在这里就是行不通的。
- 这一问题应当以研究为最终导向，帮助学生找到解决方案、创造出产品。

这一阶段可能会很棘手——特别是对中小学生来说。在你头一次向班里介绍研究问题的标准时，可以试着举例说明，在这些探究问题当中，哪些是合格的，哪些是不合格的。接着，你要把这些标准以清单的形式逐一写在黑板上，让他们分别独自、与伙伴、与小组、与全班其他同学就问题进行评价。之后，让他们两两一组提出新的问题，然后再互相对问题进行评价。最后，就个别问题再重复进行这一流程。学生们应当拥有一份探究问题清单，以便在后续的研究中使用。

在学生选择了研究问题以后，你还要考虑他们可能进行的研究类型。以下是一些常见的研究类型：

- **问题研究：**这种研究将借助可以佐证其观点的明确事实、数据及趋势，重点关注问题的成因和影响。
- **受众研究：**这种研究将向其目标受众提出具体问题，包括他们的风格、信念、价值观及人口统计数据等。
- **市场研究：**和受众研究一样，市场研究也会对其目标受众提出问题，但这些问题会重点集中在市场竞争力方面，包括竞争产品、其他已存在的解决方案、消费者行为等。
- **过程研究：**这种研究类型是指学生尝试去理解结构和系统，他们专注于弄清楚事物的运行机制，获取认知性的知识，从而设计出最终的产品。
- **基于技能的研究：**此类研究在这类设计项目中十分常见——在参与这些设计项目时，学生脑海里有具体的产品雏形。这一项目需要研究的，可能是某篇小说的结构或者某集播客的录制技术。这种研究通常包括提问、研究、释义、练习等。

人们运用多种类型的研究是很常见的。比如，作者在构思小说结构时，可能会就写作过程发问：哪些地方可以？哪些地方不行？同样，这位作家在产生一个想法之前，会对小说的目标受众进行研究，甚至对什么类型的图书流行进行市场调研。又或者，这位作者可能只是寻找与这部小说的背景、主人公的职业相关的事实。

谨防研究变得僵化、死板

在我刚刚执教不久时，我（约翰）认为研究是与学习的其他环节分离的。我们将研究作为一个项目中的一个阶段，这是我们学年结束时的一个活动。我会花上两个星期的时间，带领学生完成研究这个环节，让他们在便笺上记下笔记，我开发了一个严苛的系统，让学生按照我的方式来做研究。

我将这个系统称为指导学生一步步做研究的指南，比如有这样的要求：

你不能提出你自己的问题。

你不能偏离我选择的主题。

你不能去问一个可能知道答案的成年人。

一天下午，有学生问了我一个问题。这个问题跟研究课题与社会研究都没有关系。他只是想知道，鲸鱼的语言表达是不是也有方言。

“鲸鱼在交谈时，是不是也有一种地域性的方言？”他问道。

我耸了耸肩。

“我们知道，鲸鱼是有语言的。但它们使用的词汇，是不是也会因为地理位置而各不相同？如果是这样的，那么我们也许就能证明，语言是地域的产物了。”

“哇，”我小声嘀咕道，“我从来没想过这个。”

“鲸鱼的语言里只有名词和动词吗？它们会不会也有语法？”

“你该回去忙你的研究工作了。”我说。

他垂下了头，眼睛盯着地面，默不作声。

“我收回刚才的话。你为什么不去谷歌查查呢？但你要向我保证，查完之后，要立刻回到你的研究工作上。”

“算了，我回去忙我的工作了。”

我被他的这句话给击中了。我的话音回荡在空中，一点点抹杀掉了他的好奇心。我转过身子，重新审视这间课堂。

我又想了想这位学生刚才说的，“我回去忙我的工作。”一瞬间，我猛然觉醒，我已经把一段令人兴奋的旅程变成了一项任重道远的任务。

于是，我们淘汰了那些便笺，不再要求他们在一堂课里必须找出多少事实。我告诉他们，要放松心态，自主探索，自己创建分类，自己找资源。尽管我还是保留了某些要求（比如有些资源必须是基于文本的），但时至今日，我已经允许他们采访他人、访问视频及播客网站了。

关于以学生为中心的研究的小贴士

当你在为一个设计项目做研究时，你可能需要考虑以下几点建议：

1. **让研究过程变得灵活**。我记得，我曾给过孩子们一个表格。接着在第二年，我又把表格变成了便笺。后来我意识到，每个孩子都有自己组织研究的方法，这些方法都各不相同。他们当中，有的会使用概念图，有的会使用表格或清单，还有的会使用电子便笺。如果你的目标是让学生成为自主学习者，那么，运用具有灵活性的组织框架会对他们大有帮助。
2. **注意偏见**。有时，教师会告诉孩子，事实和观点之间存在着二元化的差异，即事实与观点之间存在严格的界限，但实际上并非如此。且这样的教导对孩子是不利的。正是由于这样的教导，孩子不再认为事实中有什么争议或矛盾的地方，但正是事实中的争议与矛盾，才能帮助他们真正理解这个世界。通过研究，可以让学生找到、识别资料中的偏见。要鼓励他们注重观点的构筑，就某些事实的遗漏向他们提出难题。审视偏见需要一定的时间（无论是你还是学生），但一旦这么做了，你会发现投入时间做这件事是值得的。
3. **尽早开始**。我们往往会在年底开始一项研究。它可能类似于一个年终项目，通常与某一主题（如国家报告、动物报告等）紧密相连。那么，如果我们把研究开始的时间改为新学年伊始呢？如果让学生把研究视作阅读和思考的常规组成部分呢？我们发现，“好奇日”是一种向学生介绍研究的理想方式，好奇日是专门用于研究的日子，孩子深入探究自己喜爱的东西，然后把自己的发现发布到班级的博客上。这样做既能保证学生获取知识，又能使他们有机会把自己的兴趣爱好分享给全世界。

4. **拓展信息的来源。**尽管学生可以从书本杂志中获取信息，但与此同时，你也要鼓励他们积极运用社交媒体，和业内专家取得联系。在研究社会问题时，学生可以对社区内部群体进行采访。以前，我（约翰）还会要求学生进行需求评估。他们会先以民意调查的方式收集数据，然后再分析这些数据。当学生在社区内研究社会问题时，他们能第一次感受到数据不再是冷冰冰的数字，而是与人密切相关的信息。

5. **可以提供支持，但不要太多。**虽然低年级孩子也能自主研究，但这种研究多多少少还是有些棘手。他们通常很难在网上找到适合自己年龄段和阅读水平的资源。和高年级学生相比，他们的受教育时间和生活阅历都相对较少，因此，他们也没有太多的知识储备。同样，分析思维也是低年级学生的一大挑战。为保证研究的顺利进行，在你面对小学生时，可以为他们提供额外的帮扶。你可以为学生示范研究过程、提供句干、收集部分资源，但请记住，要小心留意，如果提供太多的支持，就可能出现上文所说的情况，即让研究变得僵化、死板。因此，为了避免这种情况，你可以在最开始只为学生提供基本的研究工具，之后，再让他们自己选择所需的支持类型。

我们需要更为广义的研究

在不同的具体项目中，“进行研究，理解信息”阶段的表现形式各有不同。如果孩子们正在设计、实施的是一个服务性学习（编者注：是美国20世纪80年代中后期兴起的教育理念和教育实践方法。学生有明确的学习目标，并且在服务过程中对所学的东西进行积极反思的有组织的服务活动。服务性学习将学生的课堂学习与现实社会的问题和需要结合起来，既促进了学生的智力发展，又促进了学生的公民参与）的项目，那么，他们可能需要进行需求评估，之后再评估这些数据。如果他们正在研究的是小说的背景，那么，他们可能需要采访一些人，之后再阅读几篇文章。

因此，我们需要对“研究”二字有一个更为广泛的定义。有人认为，研究就是一间图书馆、一套书籍，甚至是一台电脑。但其实，研究并非局限于此。研究是我们用以回答自身问题的一切行为，是理解新信息的过程。研究可能和读书有关，也可能和收集、检验数据组有关。基于这种广泛意义上的研究，我们提出五种重要的研究方法，从而让各个年龄段的学生都能参与其中。

1. 阅读式研究

所谓阅读式研究，就是通过查阅基于文本的文档来找寻信息。截至目前，阅读式研究是校内最常见的一种研究方法。毕竟，这些信息触手可及。通过上网搜索，学生们可以找到答案，加强对信息的理解。

但很不幸，互联网上充斥着各种糟粕。比如，我们以前就有学生被网上的一些文章所愚弄。他们没有读出文章其实是在讽刺，告诉我这样的信息，“由于年事已高，佩顿·曼宁（编者注：前美式橄榄球四分卫）只好牵着一条导盲犬迈入球场。”呃，其实并没有。对于这类评论，我们还能一笑置之，但就在学生浏览到9·11恐怖袭击事件时，他们竟然相信了根据谣言谬论和歪曲信息编造出来的半吊子阴谋论。

其实，研究，特别是互联网研究，对于我们所有人来说，都不是容易进行的，因为谁都能在网上发布各种消息。这也是为什么，让学生在学年一开始就参与到研究中，并不断练习，是对学生有帮助的。作为教师，我们可以提供支持，帮助他们完成在线研究流程。我们所能提供的支持（比如下面列出的收集和评估过程），要能帮助学生筛除掉毫无关联的错误信息来源。

可以带领学生练习这个研究过程。首先，你要为学生示范这一过程。接着，再让他们分小组进行研究。在这一阶段，可以让学生偶尔暂停研究，让每个学生分析自己的进展情况。有时，当学生开始各自独立研究的时候，你可能需要将他们组成一个小组，给学生提供支持。

你可能仍需为低年级学生提供更多的支持。毕竟，网上的大部分内容针对的都是年纪更大的人。除了担心学生可能访问不适内容以外，这些文章的文本复杂性和阅读水平也往往超出了低年级学生的理解范围。即便文本中没有过于晦涩的内容，其作者也时常假设读者已经理解了某些概念和想法。但就是这些概念和想法，很有可能超出了低年级学生的理解水平。

因此，你可以调整一下方式，比如你可以收集五到十个网站，然后将其链接到自己的网站当中。接着，让学生们从你选的这些网站里选出最为相关的一个，然后让他们自己理解、改述并引用信息。如果你想模拟搜索过程的话，你可以把各个小组的网站放在一个大型网站（或共享文档）当中，然后再让学生搜索，看这里面有哪些网站与其小组主题相符。或者，你也可以召集几位成年志愿者，让他们辅助各个小组搜索信息。

在研究过程当中，你还可以与图书管理员或媒体专家展开合作，这种做法对研究尤其有用。他们能将图书和在线研究结合到一起，让研究变得更有活力，从而更能吸引低年级学生。毕竟，图书管理员是这方面的专家，他们懂得如何以最佳手段指导学生走进研究。如果你和学校的图书管理员有良好的关系，那么这一合作将会进行得更加顺畅。

2. 多媒体研究

在网上，还有一些优质信息是非文本的。想想你最近一次是如何了解新鲜事物的吧。或许，你不仅仅是通过文本信息学习，比如你会通过看YouTube视频教程学到新事物。但很可惜，我见过有太多太多的课堂不鼓励学生使用多媒体资源——总有人觉得，和基于文本的资源相比，多媒体资源是不够“真实”的。

得益于其表现形式，视频、图片和音频资源可以使概念变得生动形象；相比之下，单纯的阅读就无法做到这点。我并不是说多媒体资源就要比文本阅读好，我的意思是，多媒体资源能够让学生看到、听到他们在文本里看不到、听不到的东西。对于任何多媒体研究来说，收集和评估信息的过程都十分重要。对学生来说，由于视频或图片中缺少文字，因此相对于文本阅读，他们更难识别出其中的偏见。如果一张图的价值相当于千字言的价值，学生面对的就是成千上万的偏见。如果学生认为，图片和视频是更准确（毕竟眼见为实）的，那么，他们可能会无法发现其中的偏见，并不加分辨地相信视频或图片里的内容。

· 收集和评估过程 ·

第1步：选择问题，问题需是基于事实的，且与项目的主题相关。

第2步：开始上网搜索，输入正确的关键字。

第3步：判断信息来源是否具有相关性。

- 该信息是否是关于这个主题的？
- 它的出处是否权威？
- 这条信息是否可以得到其他信息来源的支持？

第4步：分析信息。

- 该信息是否准确？
- 这里面有没有什么需要你留意的偏见？
- 这条信息可以通过其他信息来源进行验证吗？

第5步：用自己的话重新组织信息。

第6步：引用来源。

我（约翰）是在历史课上发现的这种趋势。当时，我问了学生一个非常简单的问题："文字和图片，哪一个更为确切？" 结果，他们全都一边倒地选了图片。另外，他们还提到了伪造图片的难度之大。但是，当我们研究"修过的"图片、摄影角度和构图的偏差时，他们才突然意识到，图片不仅和文本一样，有着相同类型的偏差，同时，也需要人们的细心评估，去伪存真。

我们相信，在LAUNCH循环第三阶段，就算多媒体没有重要到不可或缺的地步，其作用也是举足轻重的。学生们将学习如何批判性思考、如何识别多媒体信息来源中的偏见，深入了解这一主题。反过来，这些知识也会在下一阶段“探寻想法”中帮助学生，最终创造出一些东西。

3. 探索数据

另一种研究方法则与探索数据有关。起初，我写了这样一句话，“此种研究类型更加适用于初高中学生。”但后来，我还是把这句话删掉了。因为就在我写这段话的时候，我的儿子叫我了。他刚刚从学校回到家中，想把自己学到的有关阳光和植物的知识统统告诉我。

“爸爸你知道吗，我们用图表的形式整理了一下数据。你猜怎么着？这些植物虽然看起来没长多少，但我可以用图表说明，它们长了很多！”

想想三年级时的你，时常会对什么事感到兴趣盎然——总之不是数据和图表，你对这些根本就不感兴趣。可是，通过和儿子的这场对话，我悟出了一个道理：对于学生来说，如果数据是有意义的，那么这将点燃他们的激情。

在LAUNCH循环中，学生可以通过多种方式来探索数据。比如上一节里提到的搜索过程，也可以关注公共档案或期刊已发表的数据。如果学生所做的设计项目和社会问题有关，那么，他们可能需要找到与其研究问题相关的数据。如果这一项目是开发一个消费品，那么，他们可能需要看一些市场调研，包含一些公司及销售的相关情况。

他们也可以记录自己的数据。我的儿子就一直在课上记录着与物理现象有关的数据。比如，之前他们班里做了一个关于纸飞机的项目，他就会记下这些纸飞机都飞了多远。此外，他还一直记录着植物每周的生长情况。

如果学生打造的是一款产品，那么他们可能会向人们提出具体的消费者问题，就这一产品的潜在购买群体进行客户调研。如果他们的研究对象是社会问题，那么他们可能会展开需求评估调查，以确定所服务社区群体的看法、信念和经历。

但无论采取哪种途径，其目标都是一致的。我们应该始终把基于数据的研究和学生提出的问题联系在一起。只有这样，数据才能够变得生动形象，而非仅仅是一组抽象的数字。

4. 采访

除了以上三点，采访也是学生理解信息的一个不错途径。我们通常认为，研究是静态的，学生读读这个，看看那个。但在进行采访时，他们可以提出问题，获得第一手答案，接着再提出后续问题。如果学生想要了解某一特定主题，那么采访不失为一种个性化的有力的研究途径。

这一活动或许涉及到采访某位具体人物，而他恰好是这个学科领域内的专家。学生还可能采访教某一课程的教授、著有相关作品的作者，或是某位知晓内部信息的专业人士。

采访是最难完成的一种研究方式。有一种方案是鼓励学生动用自己的校外网络，比如父母、其他家庭成员、邻居等等。他们将会帮助学生联系到想要采访的对象。另一种方案是利用社交媒体。如果你不用推特、脸书或者其他社交媒体，我们建议你可以试一下这类媒体，把自己和这些在线社区联系起来。这样，你便能接触到更为广阔的采访对象。

音频和视频通信技术（如Skype或谷歌环聊等数字平台）使学生的采访变得前所未有的简单。

成年人几乎不会拒绝孩子的采访。所以，即使学生想要采访的对象不太容易联系（比如业内专家、社区领袖，甚至是知名人士等），他们采访成功的几率也往往会大于其他成年人。

5. 动手研究

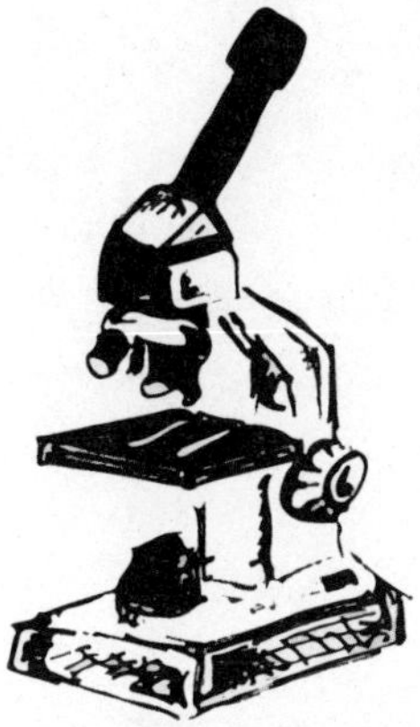

有时，研究看起来又不太像研究。这是因为，我们并不能在书本、采访或视频中找到所有信息。比如对物理现象的研究，往往就要亲自动手实验，屡战屡败，屡败屡战。如果有人想要找出一种全新的交通方式，他们可能会借助磁铁，观察磁悬浮列车是否真的是一个现实可行的解决方案。如果有学生想要研究和电子游戏有关的项目，他们可能会亲自上手玩玩游戏，记下游戏成瘾的原因。

在学生动手研究的同时，他们会记录自己的所学所想——这些内容十分重要。他们可能会记笔记，写下这一路的观察结果；可能会用表格或草图，描绘出亲眼所见；还可能会用手机上的“语音备忘录”应用程序，用声音记录下观察结果。

无论你的学生运用以上何种途径，你都要记住，你之所以这样做，是要把他们的研究同探究问题联系起来，以便理解他们正在尝试解决的问题。收集和评估都很重要，甚至也都很有趣。但“进行研究，理解信息”阶段的重点，是为了让学生进入到LAUNCH循环的下一阶段。

第七章

探寻想法

Navigating Details

如今，你已万事俱备。这场旅行的目的地取决于你。整个世界都是你的舞台。

——劳拉·弗莱明

想法草图几乎铺满了整间教室：从花花绿绿的网页，到项目列表。

学生们分组聚在一起，思来想去。他们如搭建沙滩城堡一般提出想法，之后再静静等候，看现实的浪潮能否将他们的想象推翻。

“如果我们试着去……”

“也许我们可以结合……”

“等等，等等。如果我们只是……”

整个课堂看上去乱作一团，学生们在教室里走来走去。这场面可能看似杂乱无章，但实则井然有序。等过了这一阵，迎来的便是安静和独处。他们不再四处走动，课堂里也不再吵闹喧嚣。经过了片刻之间的“混战”，他们会把这些想法转化成一个个具体详实、条理清晰的规划，以此来搭建自己的设计模型。

以上都是设计项目的一部分。这一项目旨在让学生开发出一款产品。起初，他们会观察、倾听、了解产品的受众或潜在客户，接着提出诸多问题，启用各种研究方法，如市场调研或过程研究等等。有些学生采用亲自动手的研究方式，搭建产品模型，从而获取对产品的更多理解。如今，学生已经清楚地知道，他们想要解决的问题是什么，想要影响的受众有哪些。那么此时，他们便步入了LAUNCH循环的第四阶段。

探寻想法

第四阶段：探寻想法

在解决自己感兴趣的问题之前，学生先要深刻了解与这一问题有关的全部信息。这样，他们便能清楚地知道，自己究竟要做些什么。这一阶段十分引人入胜。也许你想跳过这一阶段，直接着手创造，但我们还是建议，不要操之过急，先让学生做好规划吧。诚然，创造过程是杂乱无章的，但大多数时候，当人们创造出对他们来说真正重要的东西，他们都是先做好规划的。

你可以这么想：你不会连图纸都没有，就直接跑去盖房子；也不会连用什么食材都没想好，就直接去烹饪。就连一些看起来乱七八糟的名画，也往往是艺术家有意识地思考了自己的个人表达，之后才落笔成画。这就是“探寻想法”的自然阶段。

在设计思维中，我们称这一阶段为“构思”；而到了LAUNCH循环，我们则叫它“探寻想法”。这一阶段首先需要进行头脑风暴，然后再将众多想法汇聚成一个具体的概念。之后，学生制定具体规划，来进一步明晰自己的想法。

最开始，我（约翰）有些怀疑：这一构思阶段能否适用于各个年级的学生？后来，通过跟自己的孩子在家里进行了几个项目，我才开始相信，即使是年幼的孩子，也能成功地探寻想法、制定规划。后来，我成为了学校的技术指导，我发现了一件很有意思的事：即便这一构思阶段的参与者是小学生，只要他们明晰了整套流程，就能成功地构思。想想你小时候，在堆乐高积木、建堡垒或制作纸板弹球机的时候，是如何制定规划的。那时的你可能没有称之为“构思”，但你的的确确是在进行头脑风暴，在评估自己拥有的材料和所处的位置，在开始动手制作前考虑好后续的步骤或规划。

第一部分：头脑风暴

表面看来，头脑风暴好像没什么难度。我们都参加过这种会议：各种想法相互碰撞，你来我往；接着，有人在白板上发了疯似地记下这些想法，提炼出部分概念。如果你性格内向，又恰巧参加了这种头脑风暴会议，那么，你可能只会安静地坐在那里，看着别人的想法纷纷涌现，自己一言不发。同样的情况也会发生在课堂中：其他孩子都在进行思想上的碰撞，你来我往，而安静的孩子往往游离于这一高能游戏之外。随着各种想法的交错纵横、循环往复，内向的孩子会更愿意把自己的想法藏起来，而小组中的其他成员也就无法了解他们的想法。然而，规避传统型头脑风暴的原因不止于此。我们发现，在传统型头脑风暴会议中，人们的创造力会有所限制，主要表现为以下几点：

- 成员们更倾向于群体思维，害怕分享自己的不同想法。
- 内向者不太容易开口说话。这不仅是因为他们害羞，还在于产生新想法需要独立思考的时间，而老师没有给予学生充足的思考时间。
- 性格最外向的人，他们在白板上写下的想法最多。而被忽略的群体往往不太会在小组中发言。他们的声音一旦被忽视（即便不是故意的），便很有可能无法参与小组讨论。如此一来，整个小组也就无缘领会到这些人的精彩想法了。

- 小组可能会将重点放在想法的数量而非质量上。他们最终可能产生了很多想法，却错过了一些有价值的想法。而要想把这些想法孵化出来，需要一定的时间和探索。
- 在传统型头脑风暴会议中，学生没法进行创造性的冒险。如果你以前听学生说过“我没有任何想法”这句话，可以百分之百肯定，他的真正意思是“我不知道我的想法是否足够好”。所以其实，他们是有想法的，而且这些想法还都不错。但他们担心，自己的想法会被嘲笑或忽视。如果全情投入之后得到的只是一片死寂，那么这些学生就会觉得，自己没有必要参与其中。

如果说传统型头脑风暴已经落伍，那么，到底什么样的头脑风暴才能奏效呢？以下是关于这一问题的一些想法：

1. **先让学生独自进行头脑风暴。**对于性格内向的学生来说，在正式进入小组头脑风暴之前，他们可以先在自己的脑海中演练一遍，其最终形成的可以是一个简单的列表、T形图或者思路大纲。此时，就算孩子们等得有些急躁，课堂里也要保持绝对的安静。然后，再让他们一一配对组成小组，进行后续的小组头脑风暴。
2. **坚信头脑风暴阶段的想法没有明智或愚蠢之分。**如果需要的话，你可以举一个所谓“蠢想法”的例子。比如，在头脑风暴有哪些绿色的交通方式时，你就可以给出“龙”的建议。毕竟很多龙都是绿色的，对吧？你还可以提出这一想法存在的问题（比如龙会喷火、龙巨大的排泄物会从几百英尺的高空坠落、龙这种动物根本不存在等等），然后提醒学生这一想法仍可以在备选清单之内。

3. **进行小组头脑风暴**。例如，如果采用轮流式的头脑风暴，所有学生都将有机会分享自己的想法。比如，学生按顺时针方向，各自进行阐述。另外，还有一种方法，是让每位学生把自己的想法复制粘贴到一个共享文档中。在接下来的时间里，他们会阅读这些想法，并以小组为单位对其进行补充。
4. **清楚头脑风暴中的具体话题**。假设，你想让学生理解社会研究中“全面战争”一词的概念，那么“为了赢得一场战争，你需要什么制胜法宝——无论大小，什么都可以”就是一个不错的头脑风暴问题。你要向学生强调这样一个事实：随机的想法往往是绝佳的答案。在头脑风暴阶段，没有绝对的质量把控。
5. **注意头脑风暴中的空间**。比如，要求他们围着桌子坐成一圈，向学生示范倾听和参与环节中的肢体语言。当学生可以拿着自己的想法清单站在白板旁边，在白板上添加想法时，一些最好的头脑风暴常常在这样的空间设置中发生。
6. **让个人有反思的时间**。如果这场头脑风暴始于学生个体，接着又转向了学生小组，那么在会议快要结束时，可以让他们重新回顾各个小组的想法清单，然后根据他人所写的内容重新添加三点个人想法。你还可以问他们一些问题，比如“你如何在他人的想法基础上形成自己的想法？”或是“有没有可能你遗漏了一些东西？”等等。

7. **任命一位头脑风暴领导，负责记下所有想法，保证头脑风暴的顺利进行**。这位领导的职责是确保“谁也不会批评谁的想法”。再就是监督会议，确保同学的头脑风暴不会长时间地停留在同一思路上。你可以指导学生领导使用句干，比如“……怎么样？”或“你有没有想过……？”，以帮助小组顺利完成任务。

8. **让学生四处走动**。虽然我们不会让学生一直走来走去，但为了避免产生群体思维，我们还是偶尔会让学生轮换到其他小组，在新的小组中倾听或提供新的观点。

9. **尝试运用多种视觉方式**。在头脑风暴过程中，我们喜欢列清单。但有时，网状图的效果更好，因为其提供了一种视觉框架，使学生可以在已有想法的基础上增加想法。最好的网状图可以使用一张很厚的纸和马克笔。计算机固然很棒，我们热爱科技，但马克笔也很棒。用鲜艳的颜色在上面写写画画，有助于激发学生的灵感。

10. **切忌使用计时器**。经验告诉我们，计时器会让孩子惧怕风险。他们不仅会在惶恐不安中结束这场头脑风暴，还会无法进行创造性思考。而一旦脱离了施以重压的计时器，他们便有机会放飞自我。所以我们的建议是：让头脑风暴会议自然而然地结束。

我们的头脑风暴流程

在课堂上，学生通过单独思考开始各自的头脑风暴。之所以这么做，是为了让他们在接下来的头脑风暴过程中能够发出自己独特的声音。有的学生在清单上写出了自己的想法，有的学生选择了网状图，或文字和草图结合的形式：他们的头脑风暴形式都各不相同。

接着，我们进入了小组讨论阶段。起初，学生们会以清单的形式写下自己的想法。或者，共享谷歌文档，将文本同步添加到文档里面。或者，轮流分享自己的想法，之后以清单的形式将这些想法写在纸上。我们需要保证，所有学生都分享了自己的想法，同时，所有学生都不会对这些想法的质量加以评价（无论正面或负面评价）——这一点至关重要。然后小组审视这一清单，补充一些在看到别人想法之前、他们没有考虑到的细节。

清单一旦生成，小组成员就会把上面的想法用网状图呈现出来。这能让学生在想法之间建立起联系。此时，课堂中的热度和音量将会升高几个级别。与此同时，可以让学生从自己小组转移至其他小组（从而添加新的想法）。通常，我们会给每位小组成员分配一个数字，然后告诉他们，"现在，每三位号码相同的同学组成一个新的小组，看看还有没有什么新的想法。"更多的创造性想法往往将由此产生。

随后，学生将回到各自原来的小组。这时，我们会鼓励他们在清单上增加一些"糟糕的想法"。也许这听起来有些奇怪，但我们希望学生知道，有些绝佳的想法就是来源于这些“糟糕的想法”。此外，这种做法还会让那些害怕犯错的学生分享自己的想法，即使他们对自己没有信心。假如有人真的分享了一个非常糟糕的想法，那也没关系。

最后，学生将把看似完全无关的想法整合到一起。比如，把一部关于移民的纪录片和一集关于经济学的播客放在一起，或许就变成了一个综合了纪录片、播客和博客的媒介包裹，而这一媒介包裹的主旨即是“影响移民的经济因素”。

整个过程虽然看似复杂，但却适用于各个年级。事实上，低年级学生的思维灵活性往往要好于高年级学生。低年级学生可以将两种截然不同的想法结合起来，提出更好的新想法。和LAUNCH循环的前几个阶段一样，你可能也需要给予低年级学生一些支持。比如，你可能会向他们示范小组头脑风暴的过程，或者跳过“糟糕的想法”这一部分，直接进入整合想法的阶段。

发散思维伴随着创新

在鼓励相同性的文化环境里，发散思维算是一种打破常规。可能，有的学生想通过给出“正确”答案或想法来取悦老师。对于他们来说，发散思维是一种挑战。那么，你将如何让学生跳出常规来思考呢？对于这一问题，我们很喜欢皮克斯公司的做法。当他们在构思故事的想法时，他们的创意团队会有意考虑完全不同的想法。实际上，“皮克斯讲故事的22条军规”的第九条就写道，“故事卡住了，列一个清单，写出下一步不会发生的事情。很多时候，这些素材会让你灵光乍现。”

头脑加速

发散思维的力量

一旦学生运用发散思维思考问题，头脑风暴的效果就会达到最佳。所谓发散思维，就是运用不同的方式看待备选方案和解决方法。假如你发现，最初乍一看没有关联的两件事，其实也是有关联的，那么此时，你就运用了发散思维。还有，如果你发现了某件特定物品的非常规用途，那么，这也是一种发散思维。

在头脑风暴过程中，我们可以采取一些方式来促进学生的发散思维。首先，要让他们有机会整合两种看似无关的想法。此时，学生往往会发现之前从未考虑过的解决方案。其次，可以让他们创建一份清单，写出不想采纳的解决方案（这点借鉴了皮克斯的做法）。通常，这会使他们重新考虑之前的思路盲点。最后，要在头脑风暴中运用网状图，使学生在看似无关的概念间建立起重要联系。

第二部分：选择想法

在这一部分中，学生不仅要评估哪些想法是最为行之有效的，还要分析个中原因。如果说，第一部分是让所有的好想法喷薄而出，那么第二部分就是在这些想法中去粗取精。在这个过程中，会有大量的辩论和讨论。

第一步：补充细节

首先，让学生找到一切可能遗漏的细节，即不在头脑风暴清单或网状图里的想法。通过这一步骤，学生可以找出其设计想法中的潜在漏洞。针对这一步骤，我们列出了几个对学生具有指导意义的问题：

- 你遗漏了什么细节？
- 有没有某个想法，使你想到了相似的想法？
- 为了使这一想法更有意义，你可以在其中补充哪些细节？

第二步：整合想法

在这一步骤中，学生将挑选出可以整合在一起的想法。你可以要求学生把各种想法进行分门别类，接着，他们会圈出自己真正喜欢的想法，或是会写出新的想法，然后划掉两三个与之相关的。针对这一步骤，我们列出了几个对学生具有指导意义的问题：

- 通览这些想法，你观察出了何种趋势？

- 哪些想法可以相互整合?
- 哪些想法最为相似?

第三步：设立标准

为了使自己的想法行之有效，学生将设立一定的标准。此时，他们要着重聚焦想法正面的地方，这一点十分重要。虽然在这之后，他们也将有机会审视其中负面的地方，但在这一步中，他们要关注的是每个想法背后的潜能。在鼓励学生回答以下类似问题时，他们会自然而然地从中挑选出切实可行的想法。

- 你在这一设计中想寻找什么?
- 我们希望这一想法能实现什么?
- 好想法的标准是什么?
- 你希望自己的设计具有哪些特征（如原创性、现实主义、可行性、相关专业知识等）?

第四步：去粗取精

在这一步中，学生将通览一系列想法，然后挑选出两三个中意的最佳想法。有些时候，他们可能会把想法再次整合到一起（和前一步有点类似），不过这也是可以的。学生可以灵活运用这些过程。

- 哪个想法最具原创性?
- 这其中有没有前人已经实践过了的想法?

第五步：选择想法

这一步最易引起争议。如果学生怎么也无法定下最终想法，那么，他们很可能会以石头剪刀布的形式做出最终决策。当然，我们还有一种更好的选择。学生可以创建一张“优缺点对照表”，或根据确定的标准对想法进行打分，然后评选出高居榜首的想法。

- 哪个想法最能解决问题？为什么？
- 这些想法各自有何优缺点？
- 哪个想法最终能达到最佳成效？
- 哪些想法和小组具备的技能相匹配？

无论你要创造什么东西，请确保考虑以下五大要素

第三部分：制定规划——创造任何产品的五大要素（PARTS）

在确定了设计的大体想法之后，学生将开始为各自的产品制定规划。此时，我们可以运用以下五大要素，来帮助学生制定规划。

产品想法（Product Idea）：你需要清楚地知道，这件产品将是什么样子，它的工作原理是什么，你需要准备哪些材料。

受众（Audience）：即消费/体验该产品的特定受众。

角色（Role）：在创造产品的过程中，你的团队需要扮演的特定角色。

任务（Tasks）：即完成该项目的具体时间规划。

解决方案（Solution）：你的设计能够解决什么问题？为什么它是有效的？

无论你的学生打算创造什么产品，请务必确保他们先确定这五大要素。

产品想法

首先，学生们将创建一个产品草图，对产品进行展示。你可以提醒学生：创建产品草图的目的在于展现产品的功能性，不必画得十分精确。你希望从草图中看到他们将要创造的产品。产品种类不同，其呈现方式也各不相同。如果这是一件实物，你可以让学生通过不同视角将它呈现出来；如果这是一项服务，学生可能需要绘制出服务流程；如果这是一部小说或一本杂志，他们还可以草拟出小说的布局、人物设定、情节简图或故事梗概。

我们用以下标准解释何为优秀的产品草图：

- 视觉元素：使产品的样子看起来一目了然。
- 清晰的主标题和副标题：简单介绍产品。
- 大量注解：解释产品的工作原理。
- 箭头、线条或其他标注：让读者看到产品诞生的整个过程。
- 各种符号或视觉效果：帮助人们从概念上理解产品的工作原理。

在草拟出各自的想法之后，学生将撰写一份产品描述。这一产品描述应当能够回答以下问题：

- 你的产品是什么？
- 产品的工作原理是什么？
- 产品是由什么组成的？

这份描述不必太过复杂。通常，一小段话就够了。

受　众

大多数情况下，在LAUNCH循环的第一或第二阶段，学生将确定产品的一般受众。然而，在进入创造阶段之前，他们还需了解受众的具体特征或人口统计数据，这些信息会对他们大有帮助。以下是具指导意义的几个问题：

- 产品的目标受众是谁？
- 你会通过哪些途径接触到这些受众？
- 谁不是你的受众？

- 为什么该产品能够帮助这些受众？

角 色

让学生根据任务，确定小组的具体角色是什么。以下是一些引导性的问题：

- 为了完成这一项目，我们需要设定哪些不同的角色？
- 如何决定各个小组的角色？
- 不同小组的组员之间应如何进行沟通？
- 每个小组对应其角色，需要完成哪些任务？

在确定小组的具体角色方面，学生可能需要你的帮助。尤其需要注意的是，如果他们是低年级学生，你可能还需要为他们确定具体的角色和任务，然后再让学生决定谁是某一具体角色的最佳人选。

任 务

在仔细思考了产品、受众和角色之后，学生将进行更进一步的规划。此时，他们会创建出一份“总体时间规划”，由此正式开启项目管理流程。

- 规划的截止日期是何时？
- 规划分为哪几个阶段？
- 需要完成哪些重要任务？

接着，他们会把这份总体规划分解成若干个重要任务和子任务。

日期	重要任务	子任务/步骤	责任人	必要材料

在对任务的规划过程中，需列出一份所需材料的清单。以下是一些引导性的问题：

- 你需要哪些材料？
- 你需要哪些眼下没有的材料？你有没有方法弄到它们？有没有什么其他可以替代的材料？
- 你会把材料存储到哪里？
- 谁将带来某些材料？

解决方案

规划临近尾声，学生们需要撰写一份报告，说明他们的设计可以解决什么问题，为什么它是有效的。之所以这么做，是为了让学生弄清楚他们要解决的具体问题是什么。有时，这也会给学生带来创造性的突破，他们会修改最初的产品规划，改变他们的任务。但在大多数时候，这一方式可以让他们将这一具体问题存留在头脑中，并且能清楚解释为什么他们所设计的产品是问题的最终解决方案。以下是一些引导性的问题：

- 该产品解决了什么问题？
- 该产品为什么能解决这一问题？
- 如果有人问你“我为什么要考虑这款产品”，你该如何作答？
- 当下的解决方案与你之前设想的有何不同？

一个想法的传记

爱德华·克拉普就职于哈佛大学教育研究生院，是谷歌“零计划”的项目总监。他不仅拥有哈佛大学的教育硕士和教育博士学位，还曾在格拉斯哥大学和思克莱德大学主修诗歌专业，获得文学硕士学位；在罗德岛设计学院主修美术专业，获得艺术学士学位。除了学术上的孜孜追求，克拉普还曾在美国及国际文学杂志上发表过诗歌和小说。而他创作的话剧，也已经被搬上了纽约的大舞台。

为什么我要介绍这么一长串的个人履历？因为这的确让我大吃一惊。头一次和爱德华见面的时候，我（A. J.）就特别紧张，因为其间我一直在想：我究竟要和这个这么杰出的人分享点什么呢？还有就是，我要怎样才能拥有他那样的聪明头脑呢？

所以之前我一直觉得，和他交谈恐怕不是件易事。但恰恰相反，克拉普是我见过的最为友善、接地气的人之一。同时，果然不出所料，他是如此的睿智。终于，我松了一口气。就在我们谈到创造力时，克拉普提出了一个有趣的观点。

“我们总是给那些有目共睹的创造天才著书立传。但假如传记的主角不是这些个体，而是他们最广为人知的想法呢？比如，我们不要给阿尔伯特·爱因斯坦著书立传，而是给他的狭义相对论写一本传记。那么，这又会怎样？我们可以在传记中记录这一想法，重点强调历史上有哪些不同的人参与了这一想法的发展进程，他们都各自扮演了什么样的角色；这个想法历经了哪些不同的曲折过程，直到变成了我们今天看到的模样。”

我停下来想了一会儿。他说得对。我们总是愿意为某个人的创造才能叫好，却往往忽略了想法本身的发展和变化历程。

脸书的创建初衷是想挽回一个女孩。苹果最初只是一个用来快速赚钱的副业。而维珍航空的创建则是因为理查德·布兰森想去搭飞机看一个女孩，但那趟航班却被取消了。

如今，回首这些公司和企业家，我们更愿意把这些想法与某个人联系起来，然后大喊他们是创造天才。但与此同时（就像克拉普指出的那样），我们却没有看到，正是因为其他人的通力合作和资源投入，这些想法才获得了今日的成功。

克拉普的研究简洁明了。将创造力看作想法的传记，可以使更多人探寻想法，加入协作流程。这样，我们的学生不仅能够一起探寻想法，还能因将其协同创作的产品分享给世界而收获满满的成就感。

最后，我们再来回顾一下整个框架：

产品想法：你需要清楚地知道，这件产品将是什么样子，它的工作原理是什么，你需要准备哪些材料。

受众：即消费/体验该产品的特定受众。

角色：在创造产品的过程中，你的团队需要扮演的特定角色。

任务：即完成该项目的具体时间规划。

解决方案：你的设计能够解决什么问题？它为什么有效？

师生共同探寻想法

不久前，我跟豪斯纳勇士犹太学校的老师共事了一段时间。这是一所位于加州帕罗奥图市的学校。当时，我们探讨的主题是，如何将项目式学习提升至一个新的高度。这样，他们的学生就可以有更多时间从事相互协作的工作（而非只是在某些时间段）。

一组小学老师说道，他们想要从小组合作项目转变成所有小组参与、覆盖所有学科的大型项目。之后我们头脑风暴，讨论要怎样才能做到这点。我问道，“在过去的一年里，你们的学生在哪一刻最有成就感？”

几位老师立刻答道，“去年，话剧演出的时候。”

这些老师和学生一同探寻了很多想法，之后决定演出一部话剧。语言艺术和社会研究的老师指导学生创作了原创剧本和脚本。数学和科学老师指导学生创立了基于STEM的项目，比如特效和布景搭建。年级中的每一个人都各司其职，他们要把这一想法变成现实。

老师们告诉我，他们花费的时间要比之前计划的长得多，但就体验和结果而言，这些时间是值得的。他们将这个想法变成了一件盛事。

这一想法的传记正是源于生活。每位学生都在其中扮演了特定角色，共同完成了这场盛大的现场表演。一名来自当地报社的记者为他们拍下了照片，记录了他们的集体成就。学生们也自豪地分享了与老师同学共事的经历。他们携手并进，只为把想法变成现实。

如果学生和老师可以相互合作，共同探寻想法，那么最终创造出的产品（或这出话剧）将不单单是某一个人的成就。这种师生间的齐心协力将小组合作提升到了一个新的高度。一旦想法得以成功实现，那么对于每一位参与者来说，这段经历都将意义非凡。

第八章
创造产品原型

Creating

想让学生们进入怎样的世界，我们的课堂就该变成什么样子。要想教出具有创新精神的学生，希望他们优秀，我们的课堂就应成为具有创造力的绝佳学习之所。

——《勇敢冒险》的作者，珍妮·马其拉

休斯顿，我们有麻烦了。

我（约翰）曾在一次大型科技会议中听到一场关于创造力的主旨演讲，演讲者在前面放着幻灯片，都是些自然风景的图片配上几句富有哲理的话。比如一幅图片，里面是一个小孩，正在吹蒲公英，看着种子渐行渐远。

下一幅图，出现这样一个画面，一个人在石头上休息，看着日出。再下一张幻灯片，出现这样一句话：创造力是自然的事情，我们只需让其发生。

听毕，只觉得演讲者对于创造力的理解不尽全面。但别误会，蒲公英本身还是非常迷人的。我也曾走到半路时停下来吹蒲公英，看着种子随风飞舞（只是之后才想起来我该吃过敏药了）。这些场景确实很鼓舞人心，但都与创造无关。

而事实上，创造性工作是一种工作。尽管我们总在校园里谈及创造力，但还是没有几个人投身创造性工作，其中一个原因就是其极难进行操作。计划起来倒是很容易，设计一些想法也不难。难的是投入工作，去解决某个复杂的问题。

创造没有捷径。如果你真的很在意某个项目，你会将身心全部投入其中。你将极大地耗费精力、感情甚至还有体力，尽管知道很有可能失败。你的产品可能不会如你所愿，也可能不能令受众满意，甚至还可能被嫌弃。

另外，这一过程中也没有任何蓝图，因为你在一路走一路创造。你的想法越具创造性，你对能否成功就越没有把握。即便你有了完备的计划，但就在你创造之旅开始时，问题就接踵而至，而且会很棘手。的确，创造性工作有可能是你做过的最难的事。

所以，我们可以说，创造并非易事，也并非一朝一夕之事。创造之旅不可能尽善尽美，它会让你心力交瘁。你需要奋力拼搏并持之以恒。那么我们又为什么要这么做呢？答案其实很简单，那就是我们是人，而人类从未停止创造。我们具有与生俱来的创造力，并且总会在创造之时焕发活力。

安排某个项目后，如果你收回的是30个一模一样的东西，那这就不能叫作项目，只能叫作一种指导。

——科学领导力学院院长，克里斯·莱曼

创建产品原型

第五阶段：创造产品原型

探寻想法过后，学生们来到了创造阶段。他们一开始应该会比较喜欢这一阶段，因为终于能够自己动手操作。一想到创造性工作，我们都会想到这一点。有时，学生们会完全沉浸于其中。通过研究，他们对问题的背景已经有了清晰的认识，他们手上有明确的规划，他们甚至可能会进入心流的状态——过于专注创造过程而看不到其他事物。

在这些情况下，创造的感觉是充满了魔力。

但在另外一方面，学生们在这一阶段也可能出现“项目疲劳”的情况。有时他们不知道该如何来完成设计中的某一部分。这些问题可能会十分棘手。他们的实际技能与其设想的创作不相匹配。有些学生会因此而分心、注意力不集中。有些则会觉得很受挫，想彻底放弃。通常情况下，整个小组的动力会因为创造性差异而分崩瓦解。学生们会情绪失控，含泪走开，他们会说：“我真的做不来。”

而重要的是，要记住，这不能叫作失败，而是“LAUNCH循环”中正常的阶段。回想一下阿波罗13号。宇航员和工程师们在飞船发射的规划上耗时了数年。

基于再次登月的愿景，他们组建了一个核心团队。尽管已经作出规划，但他们也曾十分痛苦，说出了那句名言：“休斯顿，我们有麻烦了。”

最终，他们的精妙设计及创新精神帮他们渡过了艰难的危机时刻。他们的创造性工作不再是关于设计火箭及规划任务，而是如何在巨大挑战中生存下来。

这告诉我们一个道理，那就是在设计项目中，你至少会遇到一个“休斯顿，我们有麻烦了”这样的情况。你可能会误解，称其为失败，或者会觉得自己在什么地方做得不对。但其实是这样的：这些情况对于整个班级来说是一种机会，它能让学生一起努力来解决某个问题。并且，尽管这些情况会给人很大压力，但正是这样的时刻使你有机会成为一名创造型教师，使学生们的创造力及想象力被激发出来，正如你所希望看到的那样。

每次阻碍都是一次解决问题的机会。

当你准备激发学生们的创造力时，要注意可能会面临的挑战。下面列出了其中一些，同时给出了解决方法。

挑战1：它需要时间

创造性工作起初会进行得很慢，也很混乱，并且让人沮丧。你不想搞砸，所以一直在进行监控及调整。你对工作流程应该是什么样没有概念，你总是犯错跌倒。你常常暂停工作，很容易就放弃，但最终又回来，固执地坚持做那些似乎找不到解决方案的事情。

但慢慢地，你会进行得越来越快。你不需要再频繁地监控及调整。你可以一边工作一边反思，而不用等到整个项目结束时再进行反思。你学到了一些技能，并具备了你所需的思维习惯——这些是你在创造之初所缺乏的东西。然后，你会在某天发现，“我现在做这件事做得很快。”

学生们也是如此。要想熟练地进行创造，这需要一段时日。创造者所要做的就是坚持走完这一阶段——有时很混乱，进展很慢，这有可能令人很受挫，但这对于成长却至关重要。

比如，当孩子们第一次编辑视频的时候，他们会觉得制作一个15秒的视频简直需要好几年。当他们第一次写博客时，效率会很低。当他们设计桥梁时，其最初的几项尝试可能会全部失败。

不是说速度不重要。毕竟，在看五星级厨师烹饪时，你会发现速度的重要性。看一位高级教师讲课，你可能会发现，她很清楚如何快速地规划整个章节，还能够瞬间做出看似无章可循的决定。看一位壁画家工作，其过程可能看上去很疯狂（即使十分冷静且专注）。但在观察这些专家时，你忽略了其学习过程。

你没有看过这位厨师花了多久在那儿笨拙地切胡萝卜，你也没看到过，壁画家在被允许画一整面墙前其缓慢而笨拙的笔触。你还记得自己在教师培训阶段写一个课程计划花了多长时间吗？

要想让学生们具有创造力，我们需要给他们时间去体验。得允许他们极其缓慢地前行。这是没有捷径的。这些学习和发现、尝试和错误是他们的必经之路，他们确实得花更多的时间来完成。

第一个策略就是给孩子大量的时间。我们知道学校的节奏很快，这种刻意允许学生享有这样大量且低效时间的观念总是不容易被接受。但我们确实该放慢一下脚步。

除了多给他们点时间，还可以利用其他方法来帮助他们应对创作阶段的挑战。例如，你可以给学生一些可修改的模板、一些教程资源并且在必要时提供一对一辅导，你可以鼓励他们并给他们机会再试一次。有时候，你很难判断，是该让学生继续努力还是去介入并提供指导。你又如何能知道什么时候该向学生提供范例？如果提供的这个范例可能会扼杀学生的创造力呢（因为学生会从范例中复制想法）？

挑战2：恐惧

我（约翰）正在写一本小说。也就是说，我正在工作，内容是写小说。这属于工作。尽管没有最后期限，也没有人催我，但我还是很沮丧。因为故事说不通，而且人物太平淡了，情节还过于俗套，且没有足够的悬念。我已经经历了LAUNCH循环的前几个阶段，但是还是没预料到目前所面临的一些问题。

我喜欢写作，而且我很擅长，所以这一过程更加让人沮丧。日复一日，我坐在电脑前，握紧拳头。一切毫无进展。我想说，这是外部问题，外面有人在妨碍我的创造性工作。我想说，时间不太够，或者说，我总是分心。但其实不是这样。而是，我害怕。

感到害怕时，我特别想放弃。可能你也是这样。

这种恐惧并非源自挫折或困难，而是源于头脑中交织的思想。我怕这几天都白费了，什么成果也没有。

我知道，我都懂的。犯错是学习的一部分，修改总是必不可少的。质变是一种过程。但在创造时，恐惧却悄然而入。

扼杀学生创造力的常常是恐惧。在学习过程中，挫折不可避免。这确实有点烦人，但它却能助你拥有毅力。相反，恐惧则会把我们从创造风险中推开，它会说："你做不出来的，别浪费时间了。"所以，有学生会说“我学不会编程”，“我写不好文章”或“我真的不是艺术家这块料”。

所以，现在很多人会因为害怕就彻底不去创造。我们会因为害怕出糗就放弃跳舞。会因为某天跑了一个音就觉得自己唱不了歌，然后就不唱了。会因为害怕效率低下，就一直马不停蹄赶工，不去观察也不去思考。

因此，尽管所有的成年人生来就具有创造力，但在成长过程中，有人却不再进行创造。只是因为害怕，他们就让身上这一亮点消失殆尽。这是一种损失，既可悲，又浪费。

要做些什么才能减少学生们的恐惧，并使他们坚持下去呢？

1. **分享你在创造时的恐惧**。我认为老师们应该拥有自己的“天才一小时”，这样他们能够体会到创造过程中的那种恐惧。在学生身边发挥创造力（尤其是在新的领域）非常有价值。去年，我隔壁办公室有一位美术老师，她和她的学生一起作画（这种做法非常棒），她希望学生们看到她犯错、灰心，这样他们就会发现，即便是资深画家也会受挫。

2. **培养学生的成长型思维**。如果学生们专注于成长，那么我们会看到，他们对学习的期望及心态都有所变化。他们会认为，与其极力证明自己有多聪明，不如更加努力地完善自己。

3. **要鼓励冒险，使之成为一种课堂文化**。作为教师，一定要勇于尝试。要去尝试全新的课程及方法，告诉学生们：“这是一种试验。”要勇于犯傻，即使你的艺术感不是很强，也要在黑板上涂鸦。要敢于冒这些风险，别去妄自菲薄，也别嘲笑这些努力。就告诉他们，“我还在学习过程中呢。”最终，这种冒险会起到一种示范作用，会将敢于创新的冒险精神融入课堂文化中。

4. **转变成以标准为基础的评分。**当学生担心分数时，他们就会不愿意冒险。传统的评分体系最终会使学生们不敢冒险去创新。但如果他们知道可以修改自己的作品，并且最后还能创造出有价值的东西，那么他们就会将错误和改正过程视作创造过程的一部分。
5. **要让创造性工作对学生们有意义。**我之所以没有放弃我的小说，是因为我很喜欢自己正在做的事。我在做的这件事对我很重要。所以我喜欢这种结果和过程（即使有时很受挫）。如果你的学生在完成项目时没有这种激情，那么他们就很难保持一种内在动力。
6. **最后，如果把恐惧藏起来，那么它就会开始恶化。**怪物只有在黑暗中才可怕。但是如果把它带出来，让它见光，一切就会变得不一样。如果你所建立的课堂文化使孩子们能够敞开心扉，坦然面对自己对于创造失败的恐惧，那么恐惧就会不再那么可怕。

挑战3：课堂管理问题

创造过程中会不可避免地出现混乱。场面不免吵闹凌乱。学生们的情绪可能会高涨，也可能会遇到挫折。虽然我们希望学生们能拥抱、接受创造时的这种混乱，但我们也希望班级的安全能够得到保障。我们希望能将材料正确摆放，也希望噪音不会影响到团队间的协作和交流。

因此，我们要建立一种课堂管理模式。诚然，制定这样的策略似乎很复杂，但我保证，对学生明确期望将帮助你减少纪律问题，并使创造力在你的课堂中得到最大程度的发挥。

对于创造性学习空间的反思性问题

下面是一些你可能需要在创造原型阶段考虑的问题：

- 可能会出现哪些行为上的问题？如何避免？
- 你需要提前告诉学生们哪些步骤及期望？请思考以下问题：
  - » 学生们怎么拿到材料？
  - » 你该如何处理噪音？
  - » 你该如何处理各种活动？
  - » 小组间可以彼此交谈吗？如果可以，又该怎样进行？
  - » 如果学生们的完成速度不尽相同，你该怎么做？
  - » 你要用到哪些材料？把这些材料储存在哪儿？学生离开课堂后会把他们的原型放在哪儿？
- 当学生处于创造原型阶段时，你的角色将发生怎样的转变？你该做些什么？
- 在创造原型阶段，让管理者和其他领导走进你的教室，你会觉得舒服吗？外面的教师可能会对你课堂中的创造过程有何顾虑？

挑战4：资源不足

我（约翰）之前觉得学生不会去做什么“真正的”原型设计，因为我们的材料没有别的班级那么多。我们没有3D打印机，也从来没用过电动工具。后来，我看到了“凯恩的游乐场”，我之前在第三章有提及，然后我想到了自己的孩子，想到了他们在圣诞节后用那些剩下的盒子打造的疯狂世界。我想起了圣诞节第二天我们做的那个纸板弹球机，孩子们只顾把玩他们做的东西，甚至都不玩自己的玩具了。我想到了我们建造的那些枕头堡垒。

这是在发挥想象力，是在“做梦”，是在用自己的双手去创造，即使你最开始只有几片硬纸板和一卷胶带，你也可以做到。

四十五分钟设计挑战

我一般会给学生充足的时间进行创作。但是在我教六年级英语课的时候，我进行了时长更短的设计挑战。那一年，我整天都在给同一组学生上课，而依据要求，课程要保持高度的结构性（进行四小时的阅读、写作、口语和语法课）。星期二没有选修课，所以我有45分钟额外的时间来计划做一些完全不同的事情。

最初，我设计了一个“天才一小时”项目。然而两周后，这一项目颗粒无收。此时我才发现，原来“天才一小时”实际上比想象中需要更多的结构和时间（所以我最后将口语课改成了“天才一小时”）。

我曾考虑过利用这短暂的45分钟安静地阅读，或者巩固我们的数学模块。但我却选择了一个“非天才一小时”项目。我发现，这些限制（有时）反而能够提高创造力。学生们的时间、资源和选择都有限，但他们却很喜欢这段时间。尽管这听起来不符合逻辑，但这些限制实际上却带来了一定程度的自由，能够促使孩子们进行独立思考。

午饭后，学生们回到了自己的小组，看到一个盒子，里面有一些东西和一个简短的设计挑战。创造指令可能是“设计一个有意思的棋类游戏”或“造一座桥”。有时可能会更简单：“做点东西就行。”

在接下来的45分钟里，学生们建立出一个原型。几周后，这些学生才发现，这个盒子本身也可以用来建立原型。学生们花了一两个星期的时间才发现，原来还可以在互联网上进行快速研究，用在其他设计项目上。

有时他们的创作会失败，有时会因此而沮丧。不过这都没关系。我们允许犯错误。这都不算作分数。这45分钟只是用来计划、制作、测试及修改。

有趣的是，学生们从来没有对这种限制发出过抱怨。没有人说过，“没有合适的资源，我没法发挥创造力。”也从来没有人说过，“你给的时间限制简直是一种压迫，我根本完成不了。”相反，这些限制成了他们创造性思维的源泉。

我曾经认为，创造力就是跳出盒子去思考，有时确实是这样。不过，有时候，创造力是对盒子进行重新的定位。有时这并不是一张空白的画布，也不是一张清爽的白纸。有时，它的起点是有限的时间框架和资源。在这些时刻，缺乏选择实际上会促使人们进行更有创造性的思考。

挑战5：无聊

“你没事吧？”我（约翰）问那个盯着墙的学生。他本该致力于开发一款电子游戏。

“我没事，斯宾塞先生。我只是不太想修改脚本。”他说道。

“关于编程，很好的一点就是这项工作不依赖于你的感受是怎样的。所以，继续工作吧。”

他转过身，看了看电脑。慢慢地，又埋头苦干起来。这在开始很难，但十分钟后，他就又投入其中。我意识到，我的话似乎有点没顾及他的感受。但我们在创造性工作中需要抛开自己的感受。我曾经觉得创造力总是会带来乐趣，觉得如果精心设计某个项目，并且其中包含高度的创造力，那么学生们会享受每一节课。但当我看到学生们都觉得很无聊时，我感到很无助。

一开始，我觉得可能是这堂课有哪里不对。但随着时间的推移，我开始意识到，任何创造性工作都伴随着兴奋和无聊的交替。厨师要做单调乏味的准备工作，画家也必须要处理很多细节，机修工常常需要进行大量的诊断测试才能找到解决方案。

对于教师而言，要想退后一步，让学生们忍受单调乏味的学习确实很困难。我们总是希望孩子们能够开开心心地去享受学习。相比鼓励学生忍受无聊并完成任务，让孩子们跳过无聊的部分总是更容易一些。

根深蒂固的文化信念告诉我们，要想做创造性的工作必须要有灵感。一觉醒来时，你想要画画，只要这种兴奋能一直持续下去，你就能一直疯狂地在画布上作画。此时你灵感迸发，然后创作出一首歌曲。但创造力实际上并非如此。

如果你找一些具有高度创造力的人，对其习惯进行观察，你会发现以下四个特点：

1. 他们会犯错，而且很多都是这样。一开始他们和你我一样都做得很烂。
2. 他们会疲倦。我很高兴自己常常想到这一点，因为这能让人保持一颗平常心。我们看到，最伟大的创作天才也是普通人，他们同样要吃饭喝水，磕到脚趾头也会大喊大叫，也会和某人坠入爱河。
3. 他们会害怕自己的作品没人喜欢。如果作品没什么反响，他们会沮丧。他们会对自己所做之事感到厌烦。
4. 但他们仍然在进行创造。

最后一点至关重要。的确如此，某人之所以“极具创造力”，就是因为他们会去创造许多东西。那个作家怎么这么优秀？因为她笔耕不辍。正是因为坚持和专注，她才硕果累累。

最后，如果你观察那些极富创造力的人，你会发现，他们实际上都很独特。有些人在清晨工作，有些人则在深夜。一些人会在拥挤的咖啡馆里工作，噪音能让他们放松。另一些人则在山顶上工作，在那里他们可以整理自己的思绪。其他人则坚守在一个没有窗户的小办公室里。有些人喜欢在凌乱的环境中工作，而另一些人则更喜欢干净整洁的工作空间。

但所有具有创造力的人都有一个共同的特点，那就是他们都在工作。他们努力提升自己的技能。每天都如此。他们会日复一日地做这件事。你必须花大量的时间，提升自己的技能，才能从创作糟糕的作品发展为创作优秀的作品，再到成为一个多产的创作者。

这对教师意味着什么？我们如何帮助学生克服无聊，激发创造力？

1. **把无聊当成你的一种选择。**几年前，我们全家去湖边游玩，但把所有的东西都放在了家里。没有玩具，也没带泳衣。起初，孩子们抱怨说很无聊，我们告诉他们说，无聊只是你们的一种选择，然后一切就变得不一样了。他们在石间跳跃。他们在湖边小径穿梭。最后我们还发明了一个玩空水瓶的游戏。在学校课堂上，学生们需要知道，是否无聊是可以由他们自己来掌控的。我们要做的不是一直依赖各种设备，一直让它们分散自己的注意力，而是要问自己：“有了这些限制，现在我能做什么有趣、有意义的事或有挑战性的事？”
2. **无论感觉如何，也要一直坚持下去。**如果你知道即使毫无灵感也可以继续工作，那么你就会放松很多。
3. **记住重要的事情。**某些创造性任务很无聊。但它们就是这样，你改变不了。然而，如果学生们知道这些任务与自己的重要事项有联系，那么他们就能够完成并继续前进。
4. **培养创造性习惯，而非只是得过且过。**要想熟练发挥创造性需要一段时间。培养正确的习惯，并且日复一日地去坚持，这将会助你激发创造力。

我们是人类。我们一直都有创造力。我们是天生的创客。我们在创造的时候激情飞扬。

头脑加速

无聊有时会让你变得更有创造力

当你坐飞机时，你是否有过产生突发创意的时候？一开始，你会感到无聊（即使你所在的这个金属容器正在空中疾驰），但是一段时间后，你脑海中突然出现某个创意。这和你洗澡或堵车时产生的那些创意很相似。

令人惊讶的是，许多无聊时刻会激发创意。因为在无聊时，我们处于一种自然的放松状态。

无聊也会激发创造性思维，因为如果我们真的感到无聊，我们会寻找全新的做事方法。凯恩·贾斯伯和布里安娜·米德伍德（宾夕法尼亚州立大学的研究人员）提出了这一观点。他们让志愿者观看能使其产生不同情绪（包括无聊）的视频，然后让他们完成远程辅助测试。这一测试要求参与者看三个不相关的单词，然后与第四个单词联系起来。

在另一项研究中，桑迪·曼和丽贝卡·卡德曼（中央兰开夏大学的研究人员）要求一组参与者从电话本上抄写姓名。接下来，他们进行了一项发散思维的活动，其间他们必须想出一个杯子的多种用途。那些在电话本练习中感觉最无聊的参与者，最终在随后的创造性练习中发挥最佳。

挑战6：没有意义

当我在课堂上进行“20%工作时间”项目时，很快，我就发现了一些状况：

1. 我的学生在学校环境中很难释放自己的创造力。
2. 我很难帮助他们找到自己的创作激情。
3. 几乎所有成功的项目背后都有一个目标在推动。

在过去的几年里，在我帮助其他教师在课堂上完成诸如“20%工作时间”项目和“天才一小时”这样的探究性项目时，无论学生们做什么，我总是会询问他们的目标。我解释道，如果我自己在做某些创造性工作时，我也会问自己同样的问题。如果我们希望学生们具有创造力，那么我们就必须让他们为自己的学习选择一个目标。如果我们希望老师和领导具有创造力，我们需要让他们有目标，而不仅仅是给予经济报酬。

他们可能希望改变世界，或者制作一款上千人玩的电子游戏，或者组建一支乐队。只要他们真的在意这个目标，他们就会在艰难时刻有决心继续坚持下去。

那么你如何找到自己的目标呢？首先要在心中不同的声音和所有的兴趣中进行筛选。可以使用以下方法来确定你自己和学生们的要事。

1. 当没有人告诉你要做什么时，注意自己所做之事。

这一点很重要。如果你没在工作、学习或没被要求做某事时，你会参加什么类型的活动？要想深入探究，请首先问问自己：

- 周末的早上一般会干什么？
- 工作日晚饭后会干什么？
- 如果不去上班或上学一般会干什么？
- 生病在家时一般会干什么？
- 深夜和清晨会做些什么？

如果你仔细分析自己的答案，很有可能会发现，其中列出的许多活动都是在消磨时间（看电视，玩电子游戏，使用应用程序，阅读书籍/杂志/博客），或者是进行交流（和朋友出去，和朋友聊天，在线聊天等等）。要把所有的“创造”或“制造”活动都列出来。可能是写作，或者是修车，或者是组装音响，或是跳舞、写歌词，又或者是做一件工艺品。稍后我们将再次讨论这些活动。

2. 当你“应该做别的事”时，注意自己所做之事。

我们很容易在完成某项任务时分神。当你正在进行某个项目时，你可能转而去做别的事，导致你的项目进度落后。你的注意力被什么吸引了？当你在工作、上学或待在家，甚至在“应该做别的事”的时候，你一般会做什么样的活动？

我们都得承担某些责任，要优先安排一些事项。我们有“需要完成的事情”。然而，如果我们把这些责任或优先事项放在一边，以便处理其他事情时，这些“其他事情”就是我们感兴趣的东西。列出你感兴趣的活动，并按消磨时间、和人交流和创造性活动将其进行分类。

3. 你会阅读和观看什么类型的信息?

可能体育杂志和ESPN（译者注：娱乐与体育节目电视网）才是你的最爱。也许时尚博客和《天桥骄子》令你无法自拔。或者你也可能什么类型都感兴趣。这很好。无论如何，把各种吸引你的信息都列出来。

我们把时间花在自己感兴趣的事上，但常常是用来让自己放松。现在，想想什么类型的信息让你兴奋，你可以对这些信息加以重视，放在自己的兴趣清单中。

创造力既是一种行为，也是一种态度。一旦做出这个决定，即使在你不喜欢它的时刻，也要去坚持，去探究，去完成。

现在，想一想，如果你中了彩票，想做什么就能做什么的话，你会根据自己的意愿，删掉哪些兴趣。这种方式很有意思，可以迫使你做出一些艰难的决定，比如对时间、精力和注意力进行分配等。

4. 给自己一段试验期。

你已经缩小了自己的兴趣范围，将那些现实可行的爱好都挑了出来。然而，现在还很难确定哪些兴趣是自己真正的心头所好。那就给自己一段试验期，把兴趣和爱好中的“四强”选出来，然后在一周的时间内尽可能多花时间来利用这种爱好工作和创造。

在这个试验阶段，要注意，你的哪项爱好会让你处于一种沉迷状态，

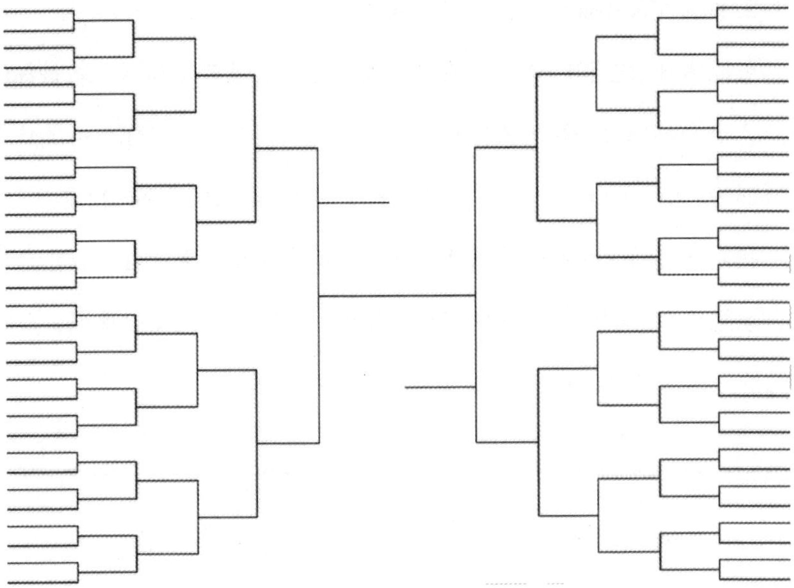

你有64种兴趣吗?

会因为过于专注手头任务而没有时间概念。想知道该去追求哪种爱好?使自己最入迷的那个无疑是最佳选择。

5. 开始!

此时你的创造力开始有了目标。爱好是你前进的方向。它能点燃你对某个项目或机会的激情。它可能会让你想在山顶上将自己的兴奋喊出来。但是当热情消退时，目标会让你继续前进。目标不是一种感觉，而是源自你的激情。你的热爱之源便是终极前进目标。目标是你日常行动的驱动力，因为做每件事都需要某种原因来驱动。如果你既有激情又有目标，那么你就已经走上了创造美好的道路。

记住——

创造力既是一种行为，也是一种态度。一旦做出这个决定，即使在你不喜欢它的时刻，也要去坚持，去探究，去完成。创造过程是不可能被强迫着进行的，也无法进行伪造。其中必须包含某种目的，否则永远无法完成。

第九章

确定产品优缺点，改进产品

Highlight and Improve the Product

失败在所难免。只有经历过失败，你才能拥有足够的创造力。

——SpaceX及特斯拉创始人，埃隆·马斯克

我的（约翰）儿子决定要做一个类似鲁布·戈德堡机械（编者注：一种设计精密而复杂的机械，以迂回曲折的方法去完成一些其实是非常简单的工作，例如倒一杯茶，或打一只蛋等等。美国漫画家鲁布·戈德堡在他的作品中创作出这种机械，人们就以“鲁布·戈德堡机械”命名这一系列装置）那样的装置。我们把PVC管、砖块和其他能找到的东西

组合在一起，建了一条通道，想将一个金属球通过这个通道从屋顶引到地面上的一个小桶。这看起来似乎很简单。但是要把球弄到桶里其实比我们预想的复杂得多。即使管道微微晃动也会使小球停下或掉到地上，而无法进入桶中。

所以我们一次又一次地尝试。

十次又十次地尝试。

我们一直在试，后来他都快要哭了，盯着球，看着它停留在管子的中央。我们好像非但没有进步，反而在倒退。回到屋里，喝了杯水后，我们又试了十次。然后又是十次。

我们花了90分钟进行了一些微小的改动，但好像没什么用。有好几次，他摊了摊手，泪水涌上眼眶，说道："根本没办法的。"然后，他用衬衫袖子擦了擦眼睛，又回去继续，再次尝试。他又在那站着，盯着这个装置。双臂交叉，愁眉不展，摇摇头。突然，他打了下响指，调整了一下顶部的管道。

他爬上梯子，把球扔进了入口。它顺着屋顶下落，在管中旋转，然后跳到另一个管中，之后撞到一块砖，突然跳了起来，落到了另一个管中，然后慢慢地旋转着，最后到了桌子上，乒乒乓乓地撞击着那些砖块，最后落到了桌上的槽子中，再最后一路带着喜悦，掉进了地上的小桶中。

"成功了！"他尖叫着跳了起来，然后用力和我击掌，"简直难以置信！天呐！真的成功了！"

那天晚上，我把儿子刚创造的这个项目和他在学校的经历进行了对比。在家时，他可以一步步地朝着他的目标前进。他绝对可以犯错误。

没人威胁他做不好就得不到高分，也不存在严格的课程安排，没有最后期限。在完成任务之前，我们一直都给他时间进行细微调整。

在设计思维中，我们希望孩子们能够把错误当作学习过程的一部分。在开始做这个项目时，孩子们就知道不会一次成功。就像在电子游戏中，如果第一个回合就跳上了最高级，这多没意思。

孩子们在进行设计项目时，他们明白，每个错误都是一次让他们发现产品优缺点的机会。如果我们允许学生们犯错，他们就会把成长和学习当作一种成功。他们会认识到，暂时的失败不代表彻底失败。最终，他们不再那么害怕去冒险。他们会尝试新事物，即使这意味着得尝试七十七次才能达到预期效果。

确定产品优缺点，改进产品

第六阶段：确定产品优缺点，改进产品

在LAUNCH循环中，学生们从产品创造过程进入到修改过程，即确定产品优缺点，然后解决问题。在传统的LAUNCH循环中，这一阶段被称为

“测试”，在测试之后要进行反思或以同理心思考产品的受众。然而，我们认为，在这一阶段，不仅仅要对某种原型进行测试。我们的目标是要进行一种持续的微循环，即不断发现产品的优缺点，然后进行改进。

我们更喜欢使用“改进”而不是“修复”这个词，因为“修复”意味着有东西坏了。但“改进”能告诉学生们，他们创造的东西是好的，他们有机会让它变得更好。这种区别虽然很小，但却十分关键。

在这一阶段最开始，学生先是要确定评估他们工作质量的标准。在许多班级中（尤其是低年级课程），这一标准由老师设定，或者由老师和学生共同商议（这一做法更佳）。接下来，他们找出产品的优点和缺点。然后，根据收集到的反馈和自己的评估及观察，他们对产品进行改进。在准备好向受众推出产品之前，他们会一直进行“确定产品优缺点，改进产品”这一微循环。

老师常常在这一阶段纠结不已。回顾我们的设计项目，会发现，我们常常压缩这个微循环。对于那些时间拖得很长的项目，我们总是会很不耐烦，迫不及待地想要进入下一个项目。但不幸的是，这可能会使学生错失创造惊喜的机会。

然而，如果我们给予这个过程充足时间，学生们将会学到更多，并且打造出能够真正发布的产品。

这需要勇气

“确定产品优缺点，改进产品”阶段会让学生感到害怕。他们不希望自己的产品失败（没人希望如此）。一谈到要去接受失败，大家就会很抗拒。作家一般不会说“我希望这篇文章最后不会出现在书中”，也没有程序员会说“我特别希望这串代码最后没什么用”。失败并不有趣，它会让人恼怒。有时，这让人感觉很崩溃。回想一下上一次挂掉的科目，你不会在课程结束时笑着说：“犯这些错，我很高兴。”

学生和大人们一样。他们不想把时间浪费在那些最终毫无结果的事情上。他们在产品中投入的时间、精力和心力越多，这一阶段的情感负担就越重。

尽管我们天生厌恶错误，但实际上，每一个错误都会让我们离最终产品更进一步。在创造性设计中，每种新产品样本都被称为一次迭代。在技术领域，我们会称某种产品正在“处于测试阶段”。如果我们以这种方式看待设计，那么改进就会成为一种机会。反馈是至关重要的。

有一个谬论，认为伟大的产品是由天才创造，并且他们第一次就能创造出来。但实际上，我们都是要一路跌跌撞撞才能走向伟大。在进行设计、创造和创新时，没有路标可以指引我们前行。有时候，你会觉得自己迷路了，永远走不到尽头。就像在“创造”阶段一样，我们没有技巧，也没有办法绕过改进阶段。只有通过不断的反馈，重走来时的路，然后铺上新石，你才能找到自己的路，才能到达目的地。

尽情享受这段旅程吧！你所到达的目的地可能比想象中更加美妙。但无论最终到达何处，这段旅程可能会使你和学生们变得更加勇敢。是的，这一阶段很可怕。但是，如果你给学生们创建一个安全之地，让他们能面对自己的恐惧，那么这其实是给他们机会，让他们有机会获得比打造出一款产品更有价值、更持久的东西——品格。

调整的力量

你看过这样一部怪诞的动画片吗？里面一个男人拿着一本关于怪物的书，当他不害怕时，怪物就消失了。还有另一部很奇怪的动画电影，里面一只狗变成了僵尸和外星人。如果你从来没看过这些电影，其实也很正常，因为你不在皮克斯或迪斯尼动画公司工作。其实它们一个是经典的《怪物公司》的早期版本，另一个是《闪电狗》的第一个版本。

这两部电影都是通过一系列的迭代演变而来。这是皮克斯的惯用模式。他们花了数年时间，通过构建情节、创作、分析和改进来制作电影。如果你听到诸如“无论如何都得成功”和“不顾一切代价”这样的话时，你可能会想到高风险的环境，感到压力很大，并且觉得最后期限特别紧迫。但在皮克斯不是这样，对于皮克斯来说“无论付出什么代价”意味要不惜一切代价，这通常需要更多的时间和自由。

皮克斯的创作团队的一个标志性过程是采用“智囊团”。他们强调了坦诚地指出可行之处及不完善之处的重要性。这些会议都很安全、开放，任何人在里面都可以给出真实的反馈。“智囊团”过程使作者和数字动画师能够解决问题，找到创新方案，并使创意团队避免出现视野狭窄的情况。

这种反馈让皮克斯能够在项目中进行调整。通过不断分析自己的工作，团队成员能够进行小型增量迭代。能够进行改变也让公司变得更加灵活——不受刻板思想和截止期限的限制。这看起来有点不太合理，花费更多时间并强调改进的作用真的会使公司整体的效率及效能更高吗？但事实就是这样。皮克斯不断地在产出我们这个时代最具创造力的电影。

这种修正文化正是皮克斯的核心。它最初是一家科技公司。其领导者反复试验然后失败。史蒂夫·乔布斯曾数次为他们提供资金，帮助他们走出困境。在早期阶段，该公司疯狂地进行转型。但通过创作和测试，皮克斯的创作者们最终找准了自己的定位——故事大王。他们所犯的错误都是成功之旅的一部分，也是发现过程的一部分。

《呆伯特》的创作者斯科特·亚当斯曾经说过："创造过程中你可以犯错。所谓艺术，就是清楚要坚持什么。"这句话的意思是，错误只是失败的实验。而有时，正是那些失败的实验才引导着我们进行创新。

确定优点及不足

如果学生们清楚自己的目标，那么他们便可以更容易地看到自己产品的优点和不足。下面是学生们可以用到的一些东西：

- 带有具体描述的标准（如一份写作标准）
- 优点/缺点图
- A/B测试——学生可以对两个具体想法进行比较
- 一组模型——学生可以将其与自己的作品进行对比
- 特点清单
- 需要进行测试的标准列表（比如一座桥可以承受多大重量）

- 一组可以进行反思的问题

设定标准之后，学生们就可以尝试找出产品的优点和缺点。在某些情况下，他们会进行测试，看看某处是否可行。例如，如果你的学生建造了一个桥梁模型，他们会通过增加重量来进行测试。其他情况下，他们则需要定性反馈。如果学生正在制作一部纪录片，他们可能会看其中一个片段，然后记下优缺点。或者，他们可能列出一些需要改正的小错误，以及优点的清单。

高年级的学生可能想要把反馈分成几类，如形式、功能、风格等。这样做可以帮助他们区分哪些是需要测试的关键元素，哪些是较微小的细节。例如，在写作一篇记叙文时，故事的结构和风格应该进行测试和修改，然后才能进入润色阶段。

对于低年级学生来说，给他们一份简单列表或者是一份可以用来分析的标准将会很有帮助。你可以用“这个有________吗”这样的句式，或者像“看这个的________，它有哪些优点？怎么对其进行改善”这样的句式进行引导。

学生应列出改进产品的任务清单，有些学生能把这个清单记在心里，有些则需要写下来。不管怎样，学生们都是回到产品本身，做出改进。

20分钟同伴反馈过程

对任何团队来说，群体思维都很危险。在对某个项目进行头脑风暴和合作之后，我们很容易形成团队思维。这是一种由积极的合作观念及创作过程所产生的消极产品。那么，我们该如何改变现状，帮助这些团队避免视野狭隘呢?

“20分钟同伴反馈过程”是一种选择。这种方法很简单。是对不同团队的成员进行配对，使其进行一个五步过程，每步需要两分钟。作为教师，你可以在该进入下一阶段时，拿一个计时器提醒他们。

在第一步中，学生A进行“电梯游说”来展示当前的产品。他可能会拿出一个实物模型或者说一段话。但我们希望能快点。接下来，学生B会问一些问题，由学生A进行回答。规则是，这其中不能有任何反馈。只能有问和答。之后，进入反馈阶段，由学生B给出具体反馈。接下来进行转述。最后，他们计划接下来的步骤。结束后，学生切换角色并重复第二轮，这样每个人都能有机会获得同伴的反馈。

同伴反馈阶段表

时间	阶段	描述	学生A	学生B
0–2	电梯游说	学生A在两分钟内对过程、产品或想法进行解释	对你的过程、产品或想法进行解释	记录所听或积极地倾听
2–4	提问	学生B提问，不给出任何反馈	回答问题	提问
4–6	反馈	学生B给学生A反馈	记录所得到的具体反馈	提出两方面反馈，一是提出进行得好的地方，二是对所有需要改进之处提出建议

续 表

时间	阶段	描述	学生A	学生B
6−8	转述	学生A转述所听内容	转述所听	听其转述信息是否准确
8−10	计划接下来的步骤	学生A列出未来修改计划	列出未来修改计划	检查修改清单

切换角色，重复第二轮！

让修改变得有趣起来

一般来说，对于修改的态度，学生们只是觉得那是搞砸了的东西，他们必须付出代价才能使其达标。一名学生完成任务后，老师用可怕的红笔将它“肢解”。然后，学生根据评语，为求达标进行改正。

在此模式中，修改过程几乎完全由老师发起。学生基本没有机会来反思并找出自己需要解决的问题。修改过程总是很匆忙，必须在严格的期限内完成。评分系统鼓励学生们第一次就把事情做好，所以即使学生重新提交作业，最后成绩也是两个分数的平均值。这样的修改之道是在惩罚错误，而非将其视作学习之旅的必经之路。这些都会让人对修改产生焦虑之感。

是时候换个角度去看待修改这件事了。修改使我们有机会完善自己所做之事。这不仅是修复不好的地方，而且也是在继续完成我们已经创造出的伟大作品。在数次重复中完善、修改及重新设计，这能使学生们在学习过程中不断进步。

对于你和你的学生来说，还可以做一些事来保持测试和修改阶段的趣味性。以下是我（约翰）的一些建议：

1. **改变分组**。在测试阶段，全新的“眼睛”可以带来新的视角。
2. **帮助学生成为更好的评论家**。如果我们的学生互审过程更加深刻的话，会怎么样呢？进行深刻且有建设性的评论需要时间，发挥创造力需要学生先花时间进行深度思考。
3. **需要强调的是，所有伟大的产品都得经过多次迭代才最终成功**。把你进行测试和修改的经历告诉大家。让学生们知道，修改是一种积极的经历。这是一次调整事物的机会，能使其变得更加令人惊叹。
4. **将其分成更小的部分**。可以让学生先测试、改进原型的某个部分，然后再开始另一部分的测试与改进。有时候，大规模的测试会让学生感到压力很大，可以尝试进行测试—改进的微循环。
5. **创建合适的修改环境**。深思熟虑后才能进行深度修正，而只有在安静状态下才能进行深思熟虑。在创客项目的嘈杂中，我们几乎无法达到这种状态。但我们发现，即使是在走廊里，如果我们能安安静静地修改一会儿，那么也会有所助益。如果有可能的话，我们希望学校里有更多可以安静思考的空间。
6. **多花时间修改**。之所以这么多学生在改进阶段觉得困难，有时是因为最后期限太紧迫了。

7. **召开学生会议。**可以有两种形式的学生会议。第一种是咨询会（老师在学生遇到困难、不能继续进行时提出建议），第二种是指导会（老师引导学生进行自我反省）。

“改进”的阶段永远无法轻而易举地完成。修改总是会令人有点害怕，还可能会令人厌倦。通过练习，这一过程会进行得更加顺利，并且使师生开始感觉到这是设计过程中很正常且自然的一部分。

调整能让你变得开放、灵活，且愿意去适应。

学校案例

“探究，影响，创新。”

我很吃惊，然后把我的问题和弗农山中学的首席创新官博·亚当斯又说了一遍。

“博，你能再告诉我一下，弗农山的学生们学习重点是什么吗？”

他笑着说，“好吧，就是这样。探究、影响和创新。这是我们每天在弗农山的重点。”

我的下一个问题更加深入，但他简短的回答依旧使我很吃惊。

“你在弗农山的愿景或使命是什么？”

他又背了一遍学校的学习愿景：

“我们是一所进行探究、创新和影响的学校。以基督教价值观为基础，使学生为进入大学做好准备，使之成为具有全球竞争力的正能量公民领袖。”

哇。我得花点时间来整理一下头脑。这所学校不仅有自己所信仰的愿景和使命，而且在每个课堂中都进行实践。

博·亚当斯，也是弗农山创新研究所的负责人，向我们展示了他们学校以学生为中心的学习方式，以及他们是如何让学生发现问题，并进行改进的。如果弗农山的小学生看到垃圾桶里满是可回收材料，他们就会问道：

- 为什么没人来回收？
- 他们不关心还是不知道？还是他们忘记了？
- 怎样才能增加循环利用率，尤其是在自助餐厅？

这些问题会促使学生们进行一些研究。这些学生会向同学们询问有关回收利用的问题，会和老师谈论学校的回收计划，还会去对食堂里回收箱的摆放位置和颜色仔细分析。

他们开始认识到，大多数老师和学生都知道要去回收利用，但他们总是匆匆忙忙离开食堂，总是忘记去做。因此，为使回收过程更加简单易行，学生们集思广益，然后再将可能施行的解决方案结合到一起。

最后，学生们决定将回收过程游戏化。他们加入了记分板，这使学校中的回收利用方式彻底发生了变革。现在，学生们会因回收利用而得到奖励，而回收过程游戏化则使回收利用率比以往任何时候都高。博告诉我这件事的时候，我不禁要问，这是老师还是学生的杰作。博让我看到了以学生为中心的学习方式的最高水准。当然，这些条件是由老师创造的，但是学习、研究和创造的过程则由全体学生来进行。

这并不是弗农山学生们唯一一次创造与改进的案例。通过与名为“生意经”的致富组织合作，弗农山的五年级课程用了几个月的时间来培养学生们的商业和创业技能。学生们创建了16个小公司，最终在一家当地剧院的“鲨鱼坦克”（译者注：美国ABC电视台发明的真人秀节目）式评审小组面前展示，然后他们开始在福来鸡快餐店总店推销自己的产品。

当地报纸这样写道：

> 为了要在福来鸡的总店开展他们的小生意，学生们一直在围绕着创业的三个方面——产品、价格和促销进行。首先，他们对某个产品想法进行讨论，之后通过市场调研对其进行测试。接下来，各团队对预期收入和支出进行详细预算。最后，他们进行广泛的宣传活动，包括创建商业网站，印制标有商标的T恤、海报及标语等等。

学生们决定将至少百分之十的利润捐赠给灯塔家族酒店。他们还在《企业家杂志》博客上写下了自己的经历，让全世界都看到了他们的成果！

高中部也开展了创造性工作。2013年10月，弗农山中学举办了一场研讨会，邀请教师、学生、公民领袖和商业企业家一起讨论创新。这次会议中展开了很多对话，但令学生们印象最深刻的，是如何将创新和变革概念应用到学校中来。

“他们问道，如果上学是为了让人们为现实生活做准备，那为什么学校和现实生活不一样呢？”学校的学习与创新主管博·亚当斯说，“就这一点，学生们想了一些办法，将现实生活与学校中的各种问题联系了起来。”

如果上学是为了让人们为现实生活做准备，
那为什么学校和现实生活不一样呢？

在桑迪斯普林斯学校，这些问题引发了一种新概念，经过几个月的规划，“创新学位证书”诞生了。该学位是让学生在教师和外部导师的帮助下，在解决实际问题中获得实践经验。该项目已经接受了申请，在22名参与面试的学生中，有12人通过面试，将在接下来的学年中开始这门课程。

在第一次实践学习中，他们与疾病防控中心进行了合作。疾病防控中心甚至邀请这些学生到他们的总部来对工作进行探讨。学生们不是只吸取信息与听讲，还积极地进行创造、提出解决方案，并与疾病防控中心进行协作。

如果我们对校园里的创造力进行观察，我们通常会发现它受到了空间、时间和资源的限制。弗农山的故事告诉我们，其实是我们看待学生所能取得的成就的眼光太局限了。

第十章

现在是产品发布时间！

It's Time to Launch!

未来的货币是想法。

——萨巴·奎得瓦

1969年7月20日，全世界数百万人聚集在图像模糊的电视机前观看这一奇迹。人们在报纸上密切关注相关事件，听记者在广播中谈论此事，同时观看晚间新闻的实时报道。最后，它实现了。这是一个令人难以置信的时刻，即使现在也存在一些无法接受事实真相的阴谋论者。

就在8年前，约翰·肯尼迪总统提出了一个大胆的想法。“我觉得我们的国家应该努力实现这一目标，在十年之内，进行载人登月活动并安全返回。”

现在，当“阿波罗11号”飞船靠近月球——这一神秘之地时，全世界都以热切期盼的眼神注视着。在几个世纪以前，这一直是人类的一个谜。而现在我们正在接近人类想象的极限。

人们聚集在一起，难以置信地说道：“‘鹰’号登月舱已着陆。”

他们看着38岁的阿姆斯特朗爬上梯子，踏上了月球。然后，随着第一步的迈出，尼尔·阿姆斯特朗说出了那句名言：“这是一个人的一小步，却是全人类的一大步。”

在残酷的冷战和分裂的世界中，这一刻成了20世纪最伟大的时刻之一。但如果不是这样呢？想象一下，如果没有观众会怎样。想象一下，如果宇航员们秘密地发射火箭，登陆月球并收集数据，这会是怎样的情况。他们把这些信息发送给科学家们，不与公众分享。他们不需应对电视摄像机的干扰，巴兹·奥尔德林（编者注：阿姆斯特朗的搭档）拍下地球的照片，然后把它们保存在剪贴簿里。

如果美国国家航空航天局一直对其任务保密，我们将错过什么呢？登月其实并没有显著的实际意义。这没有解决当时的紧迫问题。然而，它却鼓励了数百万儿童去追梦、去探索并相信自己。突然间，宇航员成为了大家争相效仿的英雄。孩子们觉得凭借聪明才智和坚持不懈的努力，他们可以做成任何事，追逐任何梦，成为任何人。阿波罗11号登月让我们看到了观众的力量。如果他们秘密地完成了这一壮举也会很伟大。然而，如果与世界共享，它就成了大家的一种公共意识。它鼓励了接下来的几代人去创新、探索并发挥创造力。

最终阶段

在传统的设计思维的模型中，人们在对产品进行测试后，会回到这个循环的第一阶段，开始一个新的问题。在我们看来，这一模型缺少了第七阶段，我们称之为“现在是产品发布时间！”需要用感叹号吗？确实需要。因为我们认为，这一阶段是设计思维非常有力量的一部分。

在这一阶段，学生们将其所创造的东西传递给真正的受众。伟大的产品是无法自动到达目标受众手中的。无论是社会解决方案、创新思想、艺术作品还是有形产品，这些伟大的、有创意的想法必须被“销售”才能到达目标受众手中。

因此，我们认为这一阶段很特别——它比简单地进行发表、完成或将你的作品在教室里进行展示更加重要。它是要去建立一种发布的策略，通过说服的方法将产品传递给恰当的人。

最终，这一阶段会使我们有更多的认识。当产品到达目标受众那里时，你和学生们将有机会关注到用户的反馈，并最终提出更多问题，进行更多的研究，然后形成想法，并进行原型设计。这一循环就会这样一直进行下去。

对营销的误解

最终阶段听起来有点像营销，其实它实际上就是。我们觉得学生需要学习市场营销这门艺术。起初，我（约翰）对营销这种行为不太认同。作为一名作家和艺术家，我觉得营销是一种欺骗，而我根本不想与之为伍。我认为“销售”在某种程度上贬低了创造性工作。

但事实上，营销根本不是这样的。如果学生们正在为某类真实受众设计一些东西，难道我们不希望他们将产品传达到受众的手中吗？既然我们希望，那么学生们难道不应该去学习一些实用策略，然后运用这些策略对那些受众产生影响吗？

一般情况下，之所以我们会深深厌恶销售这种行为，是因为我们害怕，尤其是在创意类产品方面。我们害怕自己看上去像是在推销某种产品。我们害怕这种行为会让我们看上去狡猾，从而让我们所创造的产品失去价值。在我们的文化中，创造性工作应目的单纯，只为创造而创造。但如果你创造了某样东西，自己也为之自豪，为什么不把它告诉全世界呢？

如果你创造了某物，它能为另一群人解决某个问题，那么之后进行的推广实际上是一种服务行为。在商界，最优秀的销售人员不需要说服你去购买他的产品，他们相信自己的产品，并找到那些也会相信这一产品的人，他们为这些人提供问题的解决方案。

除了害怕看起来像是推销，另外一种恐惧是害怕被拒绝。其实人们一般都会害怕被拒绝。如果你创造了某物，当我们将这一产品传达给受众时，自然是带着希望的，希望产品被接受，但这就存在着风险，即你会失望。

有时，恐惧更多的是来自内在。我告诉自己，“我不想强迫别人，不想打扰别人。”但如果我对自己诚实的话，我其实是对自己所创造的产品没有安全感。我不能确定自己的产品已经好到所有人都值得购买的程度。

但其实是这样的：如果你花了好几天的时间做某件产品，并且倾注了心血，那么它就有可能是很棒的。如果它是很棒的话，那么世界就是需要它的。当你在营销自己的产品时，其实是在为世界添彩。你没强迫谁，你也没打扰谁。你只是在给世界添彩而已。

并不是要将你的想法、产品或服务传达给所有人。事实上，大多数人可能不会喜欢你的产品。没关系。你所创造的东西很有可能吸引了某些特定受众。在商业领域，这叫作产品与市场匹配。关键要清楚，如果你的产品不被接受的话，那么可能是不符合某些人的喜好。有些人喜欢喝南瓜味的拿铁。我不太理解这种品位，也不太想理解。然而，在美国有很多人喜欢和南瓜相关的东西。我厌恶南瓜味拿铁，这与柜台后面的咖啡师无关。只是那种味道不是我的菜。

我觉得我们要将自己与产品分开，并在发布产品与营销时能够明白这一点，我们不用说“你需要买”，而是要说“它……所以应该会适合你”，然后让受众自己判断是否合适。这并不容易，需要一定的勇气。但是，如果你有某种想法、产品、服务，你总是会希望它能抵达受众手中。营销的核心理念是向合适的人进行营销，我们觉得这种技能很重要，孩子们都需要进行学习。

当我们把营销和发布产品融入到产品设计过程中时，我们向学生所传达的信息是，你们所做的工作很重要。我们会说，“世界需要看到这个作品。”此外，我们还鼓励大家要有勇气和冒险精神。我们会说，“世界需要更多精彩，而你的作品就有可能令其实现。”

许多学生害怕自己的作品不够好，觉得不值得拿出来分享。他们害怕被拒绝。但如果他们不把自己的成果发布出来，世界可能就会错过这些佳作。

学生应该学习营销的7个理由

学生们一般在学校中不会学习营销。一般来说，营销是一门大学课程，或者在经济学课上简单提及一些。但没在学校里学过并不意味着学生们对它不熟悉。毕竟，我们的世界中充斥着市场营销。我们的学生身处消费文化之中。当学生能从营销人员的角度学习营销，他们将学会批判地吸收信息，同时也将理解与真实受众分享自己的产品意味着什么。基于这一点，我们列出了学生应该学习营销的几点理由：

1. **营销是一项极其重要的生活技能。**产品—市场匹配的概念、说服的艺术不仅仅存在于商业中。这些概念在社会服务、政府机构、帮助他人的职业、艺术中也会被使用。虽然这一术语让人联想到商业与经济，但其实我们在生活中一直都在进行营销。
2. **孩子们需要培养营销的道德基础。**稍看新闻，你就会发现许多以营销名义进行诈骗及操控的恶劣事件。这些案件表明，孩子们需要培养一套营销的道德标准。当他们在设计项目中所学到的营销策略是恰当且诚实的，他们就能明白为什么成功的营销不需要对他人进行操纵。

3. **学生们要经历被拒时刻。**营销中最困难的部分就是可能会面临被拒情况。所以作为老师，我们经常倾向于去保护学生，让他们尽可能避免受挫。然而，当他们知道，世界上大多数人将拒绝他们的创造性工作，他们就会明白，产品—市场匹配包含着被拒绝。然而，在这个过程中，当他们的作品能影响到某一类受众，他们也将感受到真正的成功。

4. **要培养学生的勇气。**营销是创造性工作中极具风险的一部分。我们不敢对世界宣布"这是我做的，这是你会喜欢它的理由"，这会让人觉得有点傲慢。在上一点中，我们提到了被拒绝，它会使人打心底里感到害怕，所以大多数人从不进行营销。然而，如果学生从小就学习如何营销的话，他们就会变得较为勇敢。

5. **让学生在创造性自信中成长。**尽管孩子们可能会被拒绝，但他们也会经历成功。人们有时会很喜欢他们的作品，这会带来一种创造性自信。但当然，我们应该具备的是内在动力，而不该去指望外部肯定。然而，孩子们渴望得到肯定，而且，如果市场营销起作用的话，这最终会成为一种对他们技能、个性和想法的肯定，反过来也会带给他们一种自我的认同感。

6. **让学生学会批判地吸收信息。**当学生学习营销的道德基础时，他们会了解到某些公司不道德、操纵性的营销策略。在学习过程中，他们就会对自己（和其他人）如何吸收信息有着更加批判性的理解。

7. **学生将变得更有同理心。**市场营销的最终目标是将产品交到合适的人手中。要想做到这一点，学生们需要从受众的角度出发，培养较强的同理心。

对于学生来说，发布产品是什么

学生们通常会在设计循环的第一和第二阶段确定目标受众。在某些情况下，他们会在形成想法和规划阶段对目标受众进行细化。通常情况下，他们在形成想法和制作原型阶段，会对目标受众进行细化，这个时候他们会很清楚他们产品的受众将是谁。

但是，怎样将产品传达到受众那里呢？又该如何让受众买账呢？无论是有形产品、创意作品、活动还是服务，学生们都想把自己所完成的作品传达给真正的受众。此时，学生可以想想，如何才能让受众看到产品（产生认识）并接受（购买、消费及使用）。

第一部分：明确受众是谁

在这个阶段，学生们会去重新思考并明确目标受众。虽然他们在LAUNCH循环初期就应该明确受众，但有时在原型设计和修改过程中，学生们会发现受众与预期有所不同。如果他们重新明确自己真正的受众，那么他们就会把注意力转移到新的受众身上。

即使受众与之前相同，学生们也可能需要对受众进行细化，甚至可能还要去了解其喜好、行为习惯及信仰。下面这些指导性问题可能会对你有所帮助：

- 你的受众是哪些人?
- 他们一般会在哪?
- 他们有什么样的信念、价值观或看法?

第二部分：找到方法

在明确了自己的目标受众之后，学生们就需要具体思考如何才能对其产生影响。对于高年级的学生来说，可以教他们一些基本的营销技巧。而低年级的学生则要考虑更宽泛的问题，比如，你希望自己的产品发布是在线进行还是现场进行，抑或是两者兼而有之?

- 如何影响自己的受众?
- 有什么机制能让你的受众向他人分享你的产品?
- 你会用何种体系或策略来吸引受众?
- 你要用到哪些平台?

第三部分：说服大家购买

生活在物质世界里，人们一直被各类广告轰炸着，需要让学生清楚哪类技巧是具有欺骗性且不道德的。

在这个阶段，学生可能会创建出一个Logo，或一组图形设计，可能会创作一个简短的广告或转发率高的视频，也有可能会利用自己的人脉来推动口碑宣传。下面这些指导性问题可能会对你有所帮助：

- 如何让自己的产品脱颖而出?
- 用什么方法来说服你的受众购买/消费/使用/接受你的产品?
- 你会使用哪些营销技巧?

- 如何在说服受众的同时不带有欺骗性呢?
- 要坚守怎样的营销道德?

第四部分：发布产品

最后，学生们正式准备好发布产品了！他们可以为产品的正式发布做一个宣传造势的计划。如果你计划的是一个活动，可以通过这个活动让人们对产品的发布产生期待。如果这次产品发布是在线进行的，那么可以在产品发布前设置倒计时系统，这样在发布产品时就不会太过突兀。

- 如何发布自己的产品?
- 当你发布产品时，看到了哪些趋势?
- 发布产品是现场进行、在线进行还是两者兼而有之?
- 在发布产品前，你会做些什么来让人们对其产生期待?

我们的世界需要更多的精彩。当你营销自己的作品，你其实是在为世界添彩。

发布产品的力量

初三时，我（A. J.）在上木工课时不小心用锯子割伤了大拇指，缝了几针，也没有多严重，但那是我在中学上手工课的最后一年。我很喜欢在中学时我们制造的二氧化碳汽车，喜欢在手工课上学习的过程，但是家政课上的食物以及电脑编程课的游戏制作让我逐渐远离了木工车间。尽管如此，在中学毕业很久后我又继续创造及制作东西了。

作为一名高中教师，我开始发现，那些上手工课并上了技校的孩子们，和那些只上“文化课”的学生之间有一些差别。这并不是说手工课的学生不学习文化课，在英语课上我们也有热烈的讨论，拥有高水平的交流，然而他们中很多人觉得自己不适合学习文化课，并且想在中学毕业后做点别的事情。事实上，许多人认为上中学都是在浪费时间，因为这与他们想要做的事情没有什么关联。

而另外一类学生则会在中学时把所有能选的大学预修课和能力拓展课都选了。他们在中学的目标与他人不同。他们想进入一所优秀的大学，并且明白，自己的中学履历一定得出彩，要能够反映出自己在过去四年里所表现的才智和勤奋。他们很少去做与课程标准无关的事，很少用手去创造点什么，这并不是说他们没有创造力。其实不是这样的。只是他们的学术道路限制了他们“创造”的机会。

大多数学生都不属于上述任何一种。我也是介于这两者之间，既没上大学预选课程，也没有想要去上技校。

但是我总是在鼓捣各种东西，会去制作视频（在大家制作视频之前），写自己的歌并录下来。我一直对音乐很感兴趣，所以我加入了乐队。当时，我不知道自己是一个“创客”。但我很清楚，如果我对什么东西感兴趣的话，我总是会抓住机会投入其中，并从中有所收获。

作为一名教师，我工作了一段时间之后才将自己的“创客”属性发挥出来。在我最终将个人爱好与教学艺术联系起来之前，我想弄清楚的是，一名教师在职业生涯前几年应该做些什么。

当我给学生们机会，让他们自己自由选择“20%工作时间”项目时，我们都很开心。在这段时间里，我看到学生们都在为自己的项目奋斗——并奋力向前。尽管这些项目并不与成绩挂钩，但孩子们仍然很在意，并且比在测试或考试中还要努力。

在英语课上，我们会动手做一些东西，同时也会围绕自己的项目进行写作、阅读及口语方面的练习，也会与他人进行分享，还会聆听其他学生谈论自己的项目。

尽管我和学生们在每周这45分钟的时间里都表现出了创客心态，但问题是：我们没有足够的时间。

他们在学校中需要积累更多的经验，比如进行像“20%工作时间”这样的项目，在其中他们无需害怕失败，可以通过研究一些东西来进行学习，可以自由地进行合作，并且可以看着某种想法在一段时间里慢慢发展为一部作品。

为什么在21世纪需要改变

21世纪已经过去十几年了，我们都知道世界发生了什么样的变化，也清楚学生们是如何改变的——同时也很清楚劳动力市场的变化，清楚如今的工作岗位越来越要求员工具有批判性思维，擅于沟通及协作并拥有创造力。但我们的学校却做得不够。

如果某个学生想上大学选修工程类课程，那么难道他不应该在中学时进行设计、制作及建造实践吗？如果某个学生想在毕业后创办景观美化或设计公司，那么他难道不应该撰写商业规划、与受众进行对话并将数学课与商业兴趣进行联系吗?还有,如果一个小学生对什么都感兴趣,那么在他的义务教育阶段,难道我们不应该给他机会用自己的大脑和双手去探索吗?我本人既是老师又是家长,同时也是一名学习者,我觉得我们需要对学生有更多的期待,并且在学校中给他们机会来进行真实的实践。

超越创客空间:建立创客部门

我(A. J.)今年夏天第一次遇见丹(Dan),他对教学及学习的见识和态度很快就给我留下了深刻印象。他是上博克曼学区的一名技术教师,我刚到这所学校担任管理岗位。我们当时在同一个面试小组,一起面试新教师,彼此很快熟悉了起来。

丹在这个地区教授各种技术和工艺,经验十分丰富。他之前一直教小学和中学,今年夏天又回到了高中任教。

我们在第一次见面时讨论了高中的变化情况,还探讨了如何对工艺部门及项目进行重新规划。到了9月份时,我们将这些想法转化成了更具体的做法,我们更理解我们的挑战是什么,并收集了一些调查研究来支持我们的想法(第一阶段)。

我们决定创建一门全新的初三年级课程,让学生们有机会亲自进行各种创造性活动,以此来学习设计和工程概念。我们希望一门课程在学生性别上不区别对待,课堂上男女学生比例接近1:1。

在见了校长、主管助理、本地机器人专家以及部门的其他成员之后,我们开始将这门课的内容整合在一起,为我们的学生和学校创造机会(第二阶段）。

挑战、想法和机会都已准备就绪，我们下一步是与各位利益相关者会面，然后一次又一次地从头再来（第三阶段）。

我们的精品课程理念如下：

课程：创意设计与工程

这门课程将为学生提供一个积极的动手学习环境。通过在团队环境中进行头脑风暴、建模和协作，通过解决真实生活中的问题来促进更深层次的思考。学生们将在这里打下坚实基础，从而使自己能够在不断变化的社会中取得成功。

本课程将分为四个具体模块：

1. 机器人学

2. 构建和制造

3. 产品创造

4. 设计

当我们得到的反馈越来越多，我们重新设计了工艺部门中的课程（第四阶段）：

影响范围：整个项目

初三年级：创意设计与工程（可供学生选择的有三个方向）

机器人学与编程课程

1. 机器人编程和传感器

2. 机器人操控及问题解决

3. 小组竞赛

4. 机器人创新

设计课程

1. 平面设计

2. 环境力

3. 建筑及室内设计

4. 设计与原型开发创新

工程课程

1. 制造

2. 产品设计与开发

3. 布景设计

4. 创业精神与设计

我们将这门课叫作“创意设计与工程”。它可以让学生从以下四种不同的领域进行制造、创造及发展：

- 在学习设计、构建和编程原理的同时，学生们会在机器人竞赛中进行正面交锋。
- 学生们制作一台功能齐全的台钟，在制作过程中展现出创新精神。
- 给学生分配任务，让他们创造一款日常使用产品，并且要用AutoCAD（译者注：一款设计软件）进行设计，然后用3D打印机进行打印（例如苹果手机的外壳）。
- 学生将设计并创建自己的个人logo或其他图形产品，将其放在乙烯基绘图仪上进行切割，然后将其放在一件衣服上。

为了让学生能够进行这些活动，我们必须向校董事会建议开设这门新课，并且要求提供预算，来使这些活动得以进行。

我们需要以下设备：

- Vex机器人项目组。每个班级可以建造自己的机器人，然后进行机器人小组间的竞赛。
- Airwolf（品牌名）的3D打印机。我们进行广泛调研，觉得这类3D打印机和我们的新课程及部门简直是绝配。
- 4×8数控机床。使学生能够为我们的社区和校区设计并制造专业级产品。我们的学生几乎可以用任何材料制造他们自己的用户产品。
- 乙烯基切割机/绘图仪。其用途广泛，可以制造以下成品：衬衫logo、磁铁、贴花纸、标牌等。
- 在对本课程进行设计时，热压机要与乙烯基切割机一起使用。

我们向校董事会提出了建议，并提了很多关于我们的课程及目标的问题。一周后，他们全票通过了我们的课程审批和预算申请！更重要的是，我们希望所有初三年级的学生都能有这样的机会，也希望他们的反馈和兴趣能够继续推动我们在高年级的课程创新（第五阶段）。

拓展设计思维与创客精神

你可能已经注意到上面列出的“第一至五阶段”。在整个过程中，我们一直处于LAUNCH循环。但其并不完整。想象一下，如果我们止步于此，拿着设备，觉得自己已经完成了，那会是什么样。于是，我们开始突出学生们在这门课上所做的努力（第六阶段），并将其扩展到其他方面。

我们计划在2016年5月份时在校区举办TEDx活动，1月，我们的学区就开始为此进行计划及筹备。我们有二十多名教师，外加九名行政人员和五十名学生，大家都在TEDx规划委员会中发挥着重要作用！我们将一起“发布”这个活动，让很多人都参与其中，我们要让这一活动能够被大家记住。活动的闪光点有：

- 为了举行招待会，我们的老师、学生将庭院重新注入活力，建了个池塘，进行了风景美化，种了许多植物，为我们的客人将一切准备妥当。
- 我们的老师和学生为舞台搭建了布景（这太棒了）。他们制作了TEDx的标识及其他东西。学生用到了我们的3D打印机和数控机床，为了让舞台看起来更为专业，他们在学校及放学后花了很多时间来进行设计。
- 在间歇时，我们有一组小学生展示了他们用MIT应用程序制作器和

Scratch制作的应用和游戏；当地的机器人俱乐部在间歇时举办了一场展览，我们的初中生和高中生在上面展示了自己每天用电脑、3D打印机、数控机床及其他设备制造的东西。

- 整个TEDx活动的音频和视频工作都是由我们的高中电视实验室的学生们完成的。他们在上博克曼高中进行了第一次多个摄像角度的现场直播，这样世界各地的人们都可以实时地在我们的网站上观看这一活动。

TEDx的活动让我们经历了整个“LAUNCH循环”，最后得以全面发布产品，学生们创造、营销并把他们的想法和产品传递给了庞大且真实的受众群体。

正如一个学生在活动后所说的那样：“这太棒了！”

如果你带学生们经历整个循环，让他们将自己所做的事及所相信的产品进行发布的话，那么每天都会有隐形的奇迹发生：他们感到骄傲，很有成就感，觉得自己为世界做出了贡献。

更重要的是，他们受到了鼓舞。他们被他人鼓舞，被自己的工作鼓舞，因与真实受众分享而受到鼓舞，还被自己所做之事及所发布的产品鼓舞。

当我们谈论设计思维、创造力、创新和创客运动时，我们要记住最重要的一点：现在就给学生机会去制造影响。不是明天也不是明年，更不是他们毕业的时候。就是现在！

把你的故事告诉全世界

我们以一份宣言作为本书的开端，说出了我们的信念、希望和梦想，希望能有一个更好的教学及学习前景。我们也讲了最初为什么写这本书，是因为你们：老师、学校领导，或者是每天和孩子们一起努力的家长。你们能够激励、鼓舞一代创造者和创新者。反过来，他们也会对你们产生激励作用。

这本书是我们自己的故事，但它也是许多老师和学生的故事，他们现在正在世界各地的课堂中制作、设计、建造和创造。我们在2016年4月26日亲眼看到了这一情形。

“全球设计日”一开始是一种想法，想将设计思维带到世界各地的学校中去，希望拿出一天来庆祝创造力。

我们问道：这在教室里怎样进行？应该花一天，一个小时，还是一周？当我们开始在网上收集想法和回复时，这一想法逐渐成形。

全球设计日将为教师和学生提供进行“设计挑战”或“创客项目”的机会。“设计挑战”会占用几个小时的课堂时间，而“创客项目”则较之稍短，约一小时。

我们建立了“全球设计日”网站，并增设了20个设计挑战和创客项目，供教师们在课堂上使用。我们与一些人进行了分享，以便获得反馈，之后我们根据反馈修改了话题（#GDD16）和网站上的其他一些事项。

是时候“发布产品”了！

我们不知道会发生什么。这一刻很吓人，因为我们要把某种思想带进这个世界并观察反应如何。而接下来发生的事，则与所有正和学生在一起的创造型教师和教育工作者有关。

世界各地的教师注册自己的教室来参加全球设计日。我们收到了许多电子邮件、推特消息和信息，其中包含了许多全新设计挑战思想，还有可供其他教室使用的创客项目示例以及将这一教育理念传播到世界各地的建议和想法。

到2016年4月26日，共有来自13个国家的450多所学校和4万名学生参加了“全球设计日”活动！

学生们打头阵，用话题#GDD16在推特、脸书（Facebook）、Instagram（译者注：图片分享应用）、Snapchat（译者注：照片分享平台）和Periscope（译者注：直播应用）上分享他们的创意。老师们在那一整天都在给予学生支持，为学生赋能，并参与到学生的设计中，同时鼓励其他人加入进来。

这提醒我们，虽然作为老师，我们每天都对学生的生活产生很大影响，但如果给他们机会，他们同样也能影响我们及其同学的生活。

当我们“发布产品”时，学生们有机会把世界变成自己希望的样子。他们知道自己很重要，所做的努力也很重要，也知道自己的激情会感染他人。

我们怎么能剥夺这个机会呢？现在，请与你的学生一起“发布产品”吧。你绝对不会后悔，因为我们所产生的影响并不总是源自我们所说及所做的，而是源自我们在课堂上鼓励学生所说及所做的——这样他们就能在现在及将来一直对世界产生影响。

常见问题

我应该先做什么？

设计项目一开始可能会让人望而生畏。你可以从一个小项目开始，比如这个项目的持续时间为一周到两周。你可以让“研究”这一阶段时间更短，更多聚焦在“创造”那一阶段。或者你可以在“探寻想法”这一阶段少做一些规划。从根本上说，你是专家，你比任何人都更了解自己的班级，知道学生们需要什么。我们在本书提供的是一种很灵活的框架，你可以进行修改，以适应课堂需求。

你可以让某个小组先来开展设计项目。如果你教很多班级，那就把它当作一种实验，先用一个小组来试试。比较一下设计思维单元与传统单元的学生参与度，同时关注一下学生们的技能发展情况。和传统单元比起来，现在是更好还是更差呢？学生的参与度呢？是如何发生改变的呢？

你也可以考虑和另一个班级进行合作。有时候，如果你有个可以给予你支持的团队，是非常有帮助的。你所做的事需要勇气且有一定风险，并且还很与众不同，这都很容易让人筋疲力尽。但是，要是有一个值得信赖的同事，或者（更好一点）有一个值得信赖的团队，那么一切都会有所不同。

我怎么才能让学生、家长和学校管理者都参与进来?

我（约翰）记得，第一次在课上发布产品设计项目时我很害怕。这个过程似乎比一般的单元计划要慢。与为期一周的项目或单个任务不同，学生们花了好几个星期来制作产品。我没有采取传统的授课方式，而是让学生们花费更多时间研究与创作，我则与小组及个别学生进行会面。

学生们比以前更活跃了，但教室却乱糟糟的，不再那么井然有序，有时令人很头疼。毕竟，我们在探索，我们正飞往“月球”。而这样就意味着我们必须要承担一定风险。

这些风险对我来说没有什么，但我有好几天都在担心，学校管理者会怎么想？他们会不会担心我的班级在标准化考试成绩方面会落于人？他们会不会看到教室一片混乱就认为我不善于管理班级？父母们呢？他们会不会说“我小的时候可不会在这种事情上浪费时间”？他们会不会觉得这个项目很奇怪？他们会不会明白，虽然我们做的少了，但其实思考得更加深入了？

你可以主动一点，提前与他们进行沟通。这样一来，就算你的班级似乎突然不一样了，也没人会感到惊讶。相反，他们会理解你的做事方式，并且了解你的规划。在班级中开始进行设计思维项目之前，你可能需要考虑以下问题：

- 家长和管理者会有哪些担忧？你该如何解答这些疑惑？
- 你要找什么类型的研究来支持设计思维？
- 在这个设计项目中，学生们将获得哪些技能？
- 如何与课程进行结合？
- 你将制定哪些规则来确保成功？
- 在校外如何利用设计思维？
- 哪些东西将保持不变？家长和管理者需要了解哪些东西将保持不变。

当你思考如何与他们沟通时，想一想，你在表达你的目的、研究和流程时，这些是否能对学生的学习起到支持作用？要把重点放到其对于孩子们的益处上，要强调它将如何引导我们进行深层次的学习。

提前进行这种沟通十分重要。你可以打一些电话、在“教师之夜”进行一次交谈、发一份简报、写一封电子邮件或拍摄一段视频，然后发过去，但又不止于此。如果你在设计项目中有好的进展，想想学生们在课上的成果，想想怎么进行分享。可以把这些项目拍下来，并在社交媒体上分享，也可以请地区办公室或学校董事会的领导来看看。要在学校中引领全新的学习方式。最后在完成设计项目时，把自己的经验分享出来。

这看起来像在吹嘘，让人觉得有点自大。作为老师，我们可能不太愿意把课堂上的成果分享出来。但这的确该庆祝一下。登月是一项成就，当孩子们发挥自己的创造力时，即使最终结果不尽完美，但那也是一种成就。

我一直不太擅长庆祝。我从来都不知道该怎么为完成一幅壁画、一部纪录片或一组用Scratch设计的电子游戏而庆祝。我害怕大家会对我们的成果感到失望，也怕学生们受到影响。因此，过去十年我一直都没为完成设计项目而庆祝过。

现在我知道什么时候可以把自己的失败说与人听了。我们可以为自己学到了东西而庆祝，这也是一种庆祝。我们可以说："是的，我们失败了，但我们学到了东西，即使不够完美，但我们也学到了很多。"

那么课程结构呢?

当你了解了LAUNCH循环之后，你可能会想，如何在现有课程结构下采用设计思维这种教学方式。然而，设计思维并不是你在传统单元之前或之后挤进去的东西，而是组织课程的一种全新方式。

设计思维是一种灵活的框架。你不需要把整个课堂变得完全与设计相关，而把所有优秀实践都放弃掉。你也不需要在教授满足课程标准的课之外再单独拿出时间使用设计思维，设计项目应该成为你所教授课程的一部分。正如你在组织一个单元的教学时会使用一个具体的框架及一系列策略，你也可以将LAUNCH循环视为一种全新框架和具体策略，它能支持你所采用的标准。

那么，到底要怎么做呢?

首先要考虑的是什么标准与设计思维框架最为匹配。例如，在语言艺术课上，将标准与设计思维结合之后，可能就是研究过程中的阅读标准，或者是创作功能性、说明性及有说服力的文本时的写作标准。或者，如果学生们正在用设计思维进行一个小说项目，你可以聚焦在叙述标准上，同时也可以增加一个标准——在研究过程中为获取信息而阅读的标准。

尽可能确保这些标准是能够让学生发挥创造力的。在数学方面，你可能会把统计学和概率中的标准应用到某个棋盘游戏设计项目中。要避免我们所使用的标准和学生所做的事情没有什么关联性。

在某些情况中，你可能会遇到很死板的课程框架。某个学校领导可能会说："你这周得教推理"或者"这七天你得教说服性文本"。尽管遵循课程框架很重要，但要记住，这些只是指导你去激发学生的潜能，而不是要求你必须严格按照这些来做。你可以在强调某一周的核心标准后，增加其他的标准。很少会有校长说："只能按这个标准上课，别的不行。"

该评估产品还是过程?

在做设计项目时，老师们经常会有这样的疑问："我应该评估产品还是评估过程呢？"答案很简单："两者都要，两者都不要。"让学生在设计过程中进行自我评估是很有价值的。例如，可以让他们自我评估在头脑风暴、研究阶段的表现。同样的，评估他们的成品也是有价值的，即看他们所创造的东西对于最终受众来说是否是一个可行的产品。

我们的目标是让学生达到你设定的标准。虽然我们提倡让学生对于创造过程和成品都要进行自我评估，但有个更大的问题："如何让他们根据自己的工作知道自己的掌握程度？”所以，我们用下面的表格来让学生们了解自己的掌握程度。

这种方法很简单。教师确定与设计项目相关的标准，并列出学习目标。当学生在项目中取得进展时，老师们就会在“掌握程度”中填写反馈信息，同时列出相应的证明和教师反馈。然后，在小组合作期间（下一节将介绍），学生们可以把自己的反馈加进去。

基于标准的评估表格

学科：　　　　　　　　　　季度：

必备技能：

1. 我能________________________________

2. 我能________________________________

3. 我能________________________________

掌握程度

学习目标	掌握程度	相关证明	教师反馈	学生反馈
我可以区分理论概率与实验概率。	优+	T型图 研究事实 概念图 棋盘游戏原理	你能在棋盘游戏项目中演示理论概率和实验概率的区别。	我证明了我理解了各个方面，并且我展示了各个领域的例子。

设计项目应该具备什么？

一般情况下，你应该提前考虑以下几点：

- **标准**：哪些标准最适合设计思维？是否有标准最能自然地激发学生的创造力？是否有一些标准可以组合在一起，从而形成一个单元？
- **产品**：学生们创造的最终产品是什么？记住，产品可以是一种行动，它可以是社会研究中的某个服务项目，也可以是你在语言艺术学科中创作的戏剧作品。
- **时间**：一年中什么时候才是进行设计思维项目的最佳时间？什么时候学生最容易接受？在你的学校文化中，什么时候冒险才是最安全的？换句话说，如果即将进行的考试会带来很大压力，那么最好在其之后再进行设计项目。还要考虑一下进行设计项目所需要的时间。最好先创建一个框架，然后在计划的时间之外再多安排20%的时间。因为一般来说，总是会有一些干扰事项。
- **材料**：你需要用到哪类材料？把这些材料放在哪？学生们怎么获取？
- **管理**：在课堂管理中，你需要做出哪些改变？你需要制定怎样的规则和程序？如何把这些教给学生？
- **知识**：你还需要哪类知识？在哪里能找到？可以和谁进行探讨呢？
- **合作者**：设计思维项目可能会让人感到压力。可以想想有哪些可以与你同行的合作者，你可以和他们一起经历这一过程。哪些同事值得信赖？

设计思维课程计划案例

下面简要说明一下课程计划的大概内容：

课程预览

- 课程主题：课程的主要思想。
- “LAUNCH循环阶段”：有时，一节课会涉及到LAUNCH循环的多个阶段，所以我们在这里列出了一些具体阶段。
- 预计时间：这仅仅是一种预计，不同的学生时间也会不同。
- 目标：这些目标一定要明确、简要，与知识掌握程度以及布卢姆教学目标分类有关。

课程准备

- 材料：你在某节课上需要用到的所有材料。

- 任务：在课前需要完成的一些任务。

课程大纲

页码	教师任务	学生任务
每张幻灯片的页码	教师将在对应幻灯片页码的这一部分做些什么。	学生将在对应幻灯片页码的这一部分做些什么。

第一课

课程预览

课程主题

探索将要进行的设计项目。

LAUNCH循环阶段

第一阶段：观察、倾听、了解。

预计时间

60—75分钟。

目　标

- 可以了解自己的受众。
- 能够建立受众调查，并能通过图表的形式展示结果。

关键词汇的解释

- 设计思维：一种创造性思考的方式。
- LAUNCH循环：设计思维的框架。

- 受众：你将为之设计产品（在此例中是建造过山车）的人。
- 调查：你需要受众回答的问题。
- 数据：你正在收集的信息。
- 趋势：似乎经常发生的事情。

课程准备

材　料

每个小组都应该备有：

- 胶带
- 纸
- 纸板
- 一颗弹珠
- 塑料吸管
- 冰棒棍
- 每个学生都应该有一本项目设计笔记本（后文简称为“笔记本”）
- 每个学生都需要一张小卡片
- 备选材料：在课上绘图时需要用到彩笔

准备工作

- 确保课堂的布置有利于学生们在课堂上进行合作。
- 确保每个盒子里都装有必备的材料。
- 确认已将幻灯片设置完毕。

课程大纲

页码	教师任务	学生任务
1—4	把笔记本发下去，指导学生们看第一页。播放设计挑战视频。	观看视频，在你的笔记本的第一页中把你的疑问快速记下。
5	把学生们分成几个小组。	到指定的小组中去。轮流分享自己的问题。
6—14	向学生快速且紧扣要点地介绍LAUNCH循环。	听“LAUNCH循环”的内容。这些内容在你的笔记本中也有。
15—17	指导小组创建调查问卷。在教室里转转，看看大家的问题是否都与任务及设计挑战有关。	以小组形式列出希望受众回答的四个问题。每个成员都需要在笔记本上把问题列出来。
18	让学生对问题进行分配，让每个学生都得到一个问题。	把问题分配一下，让每个学生都拿到一个问题。
无幻灯片（用白板）	示范如何将某个调查问题转化成选择题。你可以使用已有的例子，或者你也可以自己创建一个。	观看老师给的例子。想想自己如何把调查问题变成选择题。
19	对课堂进行监督。解答他们对于调查的疑问。	用你所创建的选择题对所有同学进行调查。确保把数据记在笔记本的表格里。
20	让学生们回到自己的座位，创建一个图表。	自己创建一个显示数据的条形图或扇形图。

续 表

页码	教师任务	学生任务
21	对这些小组进行监督，确保他们能描述自己所看到的趋势。你可能需要就某个趋势的概念向一些学生进行解释。	与你的小组分享成果。看到了什么趋势？同学们对过山车的想法是什么？
22—23	当学生们摆弄已准备好的材料时，你可以加入其中。	花些时间去研究这些材料。什么都不用写。只要摆弄这些材料就行。你看到哪些可能性？在建造过山车时，你可能会对哪些设计理念进行测试？
24	每人发一张小卡片，作为留言条，学生离开时将其收上来。	结束：填写留言条，然后上交给老师。你还有什么疑问？学到了什么？明天想做什么？

第二课

课程预览

课程主题

探究过山车工作原理。

LAUNCH循环阶段

第二阶段：多多提问。

第三阶段：理解一个问题或过程（在本例中是指，如何建造一个过山车）。

预计时间

45—60分钟。

目　标

- 能够提出探究性问题。
- 可以进行网上研究，即能够提出问题、分析信息，并用自己的话来总结答案。

关键词汇的解释

- 提问：因好奇而产生的问题。
- 分析：仔细审阅信息。
- 生成：创建。

课程准备

材　料

- 每个小组都需要拿一些图表纸和马克笔。
- 每个学生都该备有笔记本。
- 每个学生都需要一张小卡片。

准备工作

- 确保课堂的布置有利于学生们在课堂上进行合作。
- 确认已将幻灯片设置完毕。

课程大纲

页码	教师任务	学生任务
25—28	让学生拿出笔记本，然后开始进行第一次个人任务。	个人单独完成：你对过山车的工作原理有哪些疑问？
29	在教室里走动，确保学生能以与受众同理心的方式思考问题。	在小组中轮流分享你的问题。当你把自己的问题加到图表纸上时，将小组提出的其他问题添加到你的笔记本中。
30	各小组轮流展示。如果有哪个学生在上一步中有什么困难，可以单独进行指导。看看有没有什么方法可以帮助他们体会到受众的视角。注意：你需要对这个活动进行计时，但同时也要让学生能以自己的节奏进行。	各小组轮流展示时，看看其他小组的问题，在你的笔记本中添加问题。
无幻灯片	示范如何寻找各种不同的过山车，以及如何找到其工作原理的例子。	看老师如何做研究。
31—33	对于那些会在研究过程中遇到困难的学生，可单独与他们沟通。	带着自己的问题，然后开始在网上研究过山车的工作原理。你可能会对很多东西感到很好奇，比如这些轨道是如何运作的？它们是如何从开始运行到结束的？一定要把自己的问题写下来，总结答案，并且标明来源。然后把答案添加到图表中。

续　表

页码	教师任务	学生任务
34	确保学生清楚建造大型过山车的原理。	个人单独完成：为你的过山车草拟一些想法。
35	每人发一张小卡片，作为留言条，学生离开时将其收上来。	结束：填写留言条，并上交给老师。你对过山车有哪些看法？把这些想法写到卡片上。

第三课

课程预览

课程主题

探寻想法及制定规划。

LAUNCH循环阶段

第四阶段：探寻想法。

预计时间

45—60分钟。

目　标

- 能够创建网状图来展示过山车涉及的所有标准。
- 能够对如何制作过山车产生一系列想法。
- 能够对各种想法进行分析及整合，制定一个建造过山车的规划。

课程准备

材　料

- 每个小组都需要准备图表纸和马克笔。
- 每个学生都该备有笔记本。
- 每个学生会用到一张小卡片。

准备工作

- 确保课堂的设置有利于学生们在课堂上进行合作。
- 确认已将幻灯片设置完毕。

课程大纲

页码	教师任务	学生任务
36—38	检查学生们是否能以网状图的形式将各个问题的概念进行联系。必要时可就此过程为他们进行示范。	个人独立完成：创建一个网状图，展现大型过山车可能有的所有东西。
39	密切关注每一个小组。	小组合作完成：在头脑风暴中分享你的想法。在图表纸上以列表或网状图的形式来呈现。确保每个小组成员都有机会添加自己的想法。
40	把每组学生都按1—4号进行排序。让学生1逆时针走到下一组，让学生4顺时针走到下一组。	当组成新的小组后，看看头脑风暴之后的讨论成果，并提出一些他们可能会漏掉的想法。

续 表

页码	教师任务	学生任务
41	让学生们回到自己的小组中去。	通过与其他小组进行互动，你有哪些想法？与大家分享一下。
42	在各个小组走一走，看看他们是怎么互动的。可能会有学生为一些观点而争论，你可能需要引导他们，避免发生冲突。	以小组的形式提出一个主要概念。然后每个学生再单独将过山车概念图画在自己的笔记本中。
43	每人发一张小卡片，作为留言条，学生离开时将其收上来。	结束：填写留言条，并上交给老师。你所在的小组合作得怎么样？你觉得大家有没有在听你的想法？为什么？

第四课

课程预览

课程主题

建造过山车。

LAUNCH循环阶段

第五阶段：创造产品原型。

第六阶段：确定产品优缺点，改进产品。

预计时间

60—90分钟。

要注意的是，你可能会在这节课上多花几天时间。有时，创造过程可能会杂乱无章，还需要花费很多时间。但这完全值得！

目　标

- 能够和小组一起创建自己的过山车模型。
- 能够为小组的过山车制作带有注解的视觉资料。
- 能够确定模型的优缺点，进行测试及改进。

课程准备

材　料

- 胶带
- 纸
- 纸板
- 一颗弹珠
- 塑料吸管
- 冰棒棍
- 每个学生都该备有笔记本

准备工作

- 确保课堂的设置有利于学生们在课堂上进行合作。
- 要整理出一些空间（可以是在外面），让学生们在那里建造他们的过山车。

- 确保每个盒子都装有必备的材料。
- 确认已将幻灯片设置完毕。

课程大纲

页码	教师任务	学生任务
44—47	观察小组动态，看看他们是如何合作的。如果大多数小组已经创建了初始概念，那么就可以进入到课程的下一阶段——创造。	小组：开始建造过山车，充分享受这个阶段的乐趣。
48—51	鼓励学生通过“摆弄”来对过山车进行测试。让他们去犯错，然后在数次重复中进行改进。	花点时间“摆弄”过山车。在笔记本的表格中把优缺点都记下来。
52	每人发一张小卡片，作为留言条，学生离开时将其收上来。	结束：填写留言条，并上交给老师。你的小组准备好在班里向大家展示你们的过山车了吗？为什么？

第五课

课程预览

课程主题

发布产品！

LAUNCH循环阶段

第七阶段：向全世界展示你的产品！

预计时间

60分钟。

目 标

- 能够创建一份向同学们介绍自己产品的说明性材料。
- 能够让人相信这是一个很棒的过山车。

课程准备

材 料

- 胶带
- 纸
- 纸板
- 一颗弹珠
- 塑料吸管
- 冰棒棍
- 每个学生都该备有笔记本

准备工作

- 确保课堂的设置有利于学生们在课堂上进行合作。
- 整理出一些空间（可以是在外面），让学生们在那里展示他们的过山车是如何运行的。

- 确保每个盒子都装有必备的材料。
- 确认已将幻灯片设置完毕。

课程大纲

页码	教师任务	学生任务
53—54	观察课堂情况，预估一下他们在LAUNCH循环的最后阶段是否需要更多时间。	两人一组进行分享：你的过山车准备好发布了吗？你要进行哪些修改呢？
55—56	这时你可以鼓励他们进行产品发布了。此时就算犯傻也没关系。换句话说，你甚至可以弹唱一曲《最后倒计时》。反正就是要告诉大家，产品发布就快开始了。	听从老师的指示。
57	让学生们从战略角度思考如何发布产品。	小组讨论一下，采取何种策略才能对受众产生影响。
58	为需要帮助的小组提供支持。	既然已经制作完毕，那么你就可以在学生面前展示你的过山车了。可以有以下选项：选项1，通过操作说明清单，来展示过山车是如何运行的。选项2，通过操作说明清单并附上图片，来展示过山车是如何运行的。选项3，创建视频来展示过山车是如何运行的。选项4，为过山车做一个广告。选项5，创建分镜头故事脚本来说明乘坐你的过山车会有什么感觉。

续 表

页码	教师任务	学生任务
59	到各组去看一看，为他们的成果表示庆祝。	各小组进行展示。一个学生留在那儿展示过山车，同时让其他组员在各组间巡游。
60	指导学生进入反思阶段。	反思。

项目设计笔记本

建造过山车

设计挑战

从今天开始，你将创造出非常了不起的东西，人类历史上从未出现过的东西。

一般情况下，你会把作业交给老师，然后再拿回来。但这次不一样，这一次是你与设计小组一起合作，创造出可以实际使用的产品。

LAUNCH过程

仔细看看周围。看看你的教室。你的身边都是人们所造之物。他们不仅创造了这些东西，而且还进行了设计。专业人士用设计思维来表示这一过程，艺术家和工程师在实际工作中会使用设计思维循环。我们在书中所使用的术语是“LAUNCH循环”，是对设计思维作出调整后的概念。下面是其主要内容：

观察、倾听、了解（Look, Listen, and Learn）

多多提问（Ask Tons of Questions）

理解问题或过程（Understand the Problem or Process）

探寻想法（Navigate the Ideas）

创建产品原型（Create a Prototype）

确定产品优缺点，改进产品（Highlight What's Working and Fix What's Failing）

发布产品！

第一阶段：观察、倾听、了解

请看以下挑战

观看视频并仔细聆听挑战内容。

你将建造一个终极过山车。好吧，实际上你建造的不是可以乘坐的真正过山车。显然，学校必须遵循一种叫作安全的东西。但是你要设计和建造出过山车模型，并且这种过山车要能够赢得人们的青睐。

所以，认真想一想，过山车应该是什么样子。

1. 考虑一下你产品的受众。它是适合小孩子，运行过程不那么剧烈，还是适合探险爱好者，乘坐它就像是经历一次恐怖之旅？你希望人们是什么感受？你想让人们害怕吗？想让他们紧张？兴奋？平静？还是这些感觉都有？
2. 要用什么样的主题？我们可以看到，每个过山车都有主题。其主题可能是山、太空或是流行文化。所以，你也该为自己的过山车创建一个主题。
3. 乘坐过程有哪些特色？有没有骤降？有没有大回环？有螺旋型旋转吗？
4. 乘坐过程涉及哪些物理学和力学原理？如何让你的过山车从起点一直运行到终点？

为了创建模型，你将用到：

- 胶带
- 纸
- 纸板
- 一个弹珠
- 塑料吸管
- 冰棒棍

一定要去尝试，去犯错，这不丢人。最终，你的设计会很棒，因为它是你的杰作，它来自你的创造性思维。

感觉很茫然？

别担心。你将和你的小组一起经历整个设计过程。最终完成时，你的过山车会很惊艳！

对设计挑战项目进行研究

看完视频后，把观察结果记下来。你所看到的有关此项目的东西都可以记下来。可以是你对于想创造之物的想法，也可以是触动你的一些细节。

观察结果	问题

小组合作

倾听受众的声音

你将要建造终极过山车，这意味着你要创造一种绝佳的乘坐体验，要使同学们都能喜欢。所以在开始进行规划时，要尽量考虑到这一点。

创建一项调查

你想要确保自己了解受众所想，对吧？那么，你是怎么做的？怎么才能不通过假设，而是真正弄清他们对于过山车的想法？

可以进行调查。和小组一起，创建一项调查，然后调查你的同学。

想想要问什么样的问题。在你建造过山车之前，你需要了解受众的哪些方面？

第一步：提问

以小组的形式列出希望受众回答的问题。如果你不太确定要问什么，可以使用下表右边的句式来编写。每个成员都应该在笔记本中把问题列出来。

调查问题	句式
1. 2. 3. 4.	• 你最喜欢/最不喜欢的______是什么? • 你上一次______是什么时候? • 你感觉______怎么样? • 你多久______一次? • 为什么______? • 你______过吗?

第二步：把问题分配一下

接下来，把问题分配一下，让每个学生都能拿到一个问题。下面是你的问题。

我的问题是：____________________________________。

第三步：将问题变成选择题

每个学生都把自己的调查问题变成一道选择题。你的调查问题至少应该有五个选项。

请使用下面的表格：

调查问题：	
选项1	
选项2	
选项3	
选项4	
选项5	

第四步

用柱状图或扇形图来显示结果。画在下面：

第五步

将你的结果与小组进行分享。你看到了什么趋势？其对建造过山车有哪些意义？

对你的材料进行深入了解

花些时间对你的材料进行深入探究。你什么都不用写。就摆弄它们就行。你看到了哪些可能性？哪些东西会用得上？建造过山车时，你想对哪些设计理念进行测试？

注意：你可以在下面的空白处添加任何观察结果、笔记或者关于如何在过山车中使用这些材料的想法。你可以画一张图，画一个网状图或列一个清单。

第二阶段：多多提问

问问题

个人单独完成：现在你对设计挑战和受众都有了清晰的认识，你将在对过山车进行规划之前，先提出一组问题。

想一想：你对过山车的工作原理有什么疑问？把你的问题列在下面：

1.

2.

3.

4.

5.

小组合作

以小组的形式轮流分享自己的问题。当你把自己的问题加到图表纸上时，将小组提出的其他问题添加到你的笔记本中。

第三阶段：理解问题或过程

小组合作

带着你的问题，然后开始在网上研究过山车的工作原理。你可能会对一些东西很好奇，比如轨道的工作原理、它们是怎么从起点一直开到终点的或者它们是如何进行回环运动的。一定要写下自己的问题，然后对答案进行总结，并注明来源。

问题	答案	来源

简单说一说你对建造过山车的一些想法。

个人单独完成：

简单说一说你对建造过山车的一些想法。

第四阶段：探寻想法

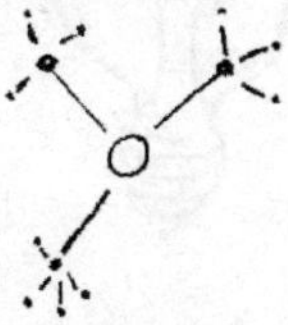

创建网状图

个人单独完成：

创建网状图，说明大型过山车都该具备哪些东西。

小组合作：头脑风暴

在头脑风暴中分享你的想法。在图表纸上以列表或网状图的形式来呈现。确保每个小组成员都有机会添加自己的想法。将你的过山车概念图画在下面。

第五阶段：创建产品原型

小组合作

创建一个产品原型。使用所提供的材料，看看你是否能创建一个原型。将你所观察到的写在下面。

第六阶段：确定产品优缺点，改进产品

小组合作

花些时间来对你的过山车进行测试。

记下产品的优缺点：

阶段	优点	需要改进之处
例：第一阶段	弹珠正飞速运动	弹珠未通过回环

第七阶段：发布产品！

小组合作

发布产品!

既然已经制作完毕，你就可以在学生面前展示你的过山车了。可以有以下选项：

选项1：通过操作说明清单，来展示过山车是如何运行的。

选项2：通过操作说明清单并附上图片，来展示过山车是如何运行的。

选项3：创建视频来展示过山车是如何运行的。

选择4：为过山车做一个广告。

选项5：创建分镜头故事脚本来说明乘坐你的过山车会有什么感觉。

为自己所学而庆祝吧！

个人单独完成：反思

1. 你在这段经历中学到了什么？想再做一次吗？

2. 与你的团队合作得怎么样？

3. 你都在哪些方面大胆尝试创新了呢？

4. “LAUNCH循环”中哪一阶段你认为是最好的？为什么？

作者简介

约翰·斯宾塞热衷于通过设计思维让学生成为有创造力的思考者。他曾在市区的中学任教12年之久，现在是一名全职教育技术教授，同时也是创造力、设计思维和学生参与度方面的领导者。约翰的目标是每天都创造一些新的事物。他是两家教育类创业公司的联合创始人，也和别人一起出版过一本儿童畅销书籍。

约翰·斯宾塞很希望看到教育工作者能够拥有设计思维和创造力。在过去的几年中，他和许多不同的观众都分享过这一愿景，其中包括他在白宫发表的关于未来教育的演讲，以及他在TEDx上关于创造力的演讲。在主旨演讲、全天候工作坊及在线职业发展培训中，约翰的演讲风格既引人入胜又发人深省，而且还十分幽默。作为一名图书作家、一名成功的创业公司的联合创始人、一位获奖的优秀教师及一名大学教授，他为我们提供了一种独特的视角。他将课堂经验、行业经验和研究经验结合在一起，以一种平易近人及中肯的风格，打造出具有创新性、全面性及实用性的学习体验。

作为一名父亲，他喜欢和他的孩子们一起做东西，他们会画像“塔可·托尼”这样的漫画，用回收材料建造一个过山车模型，并且用乐高积木来建造一个城市。

约翰通过他的博客（spencerideas.org）和他的插图视频（sketchyvideos.com）分享了他对创新型课堂的看法。

A. J. 朱利安尼是创新、设计思维和探究式学习领域的著名教育家。朱利安尼曾是一名初高中英语教师、一名中小学技术开发人员，目前是一名公立学区的管理人员，是一名教育及技术创新专家。

A. J. 在基础教育（中小学教育）的各个阶段都有工作经验，同时也具有家长的视角。他会鼓励教育工作者不仅要有意识地去创新，还要探究怎样以学生为中心进行教学实践。

A. J. 著有《课堂中的提问与创新》与《自主选择地学习》，这些书主要围绕学生自主选择、创新性学习及参与度进行讲述。A. J. 有四个孩子，他认为我们必须有意识地进行创新，以便为所有学生创造一个更好的未来。你可以通过他的博客“Intentional Innovation”（“有意识的创新”）与他联系，博客地址ajjuliani.com。

“常青藤”书系—中青文教师用书总目录

	书名	书号	定价
	特别推荐——从优秀到卓越系列		
★	从优秀教师到卓越教师：极具影响力的日常教学策略（入选浙江省教师节用书）	9787515312378	33.80
★	从优秀教学到卓越教学：让学生专注学习的最实用教学指南	9787515324227	39.90
★	从优秀学校到卓越学校：他们的校长在哪些方面做得更好	9787515325637	33.80
★	卓越课堂管理（中国教育新闻网2015年度“影响教师的100本书”）	9787515331362	88.00
	名师新经典/教育名著		
★	马文·柯林斯的教育之道：通往卓越教育的路径（《中国教育报》2019年度“教师喜爱的100本书”，中国教育新闻网“影响教师的100本书”。朱永新作序，李希贵力荐）	9787515355122	49.80
★	如何当好一名学校中层：快速提升中层能力、成就优秀学校的31个高效策略	9787515346519	29.00
★	像冠军一样教学：引领学生走向卓越的62个教学诀窍	9787515343488	49.00
	像冠军一样教学2：引领教师掌握62个教学诀窍的实操手册与教学资源	9787515352022	68.00
★	如何成为高效能教师（美国最畅销教师用书，销量超过350万册，教师培训第一书）	9787515301747	89.00
★	给教师的101条建议（第三版）（《中国教育报》“最佳图书”奖）	9787515342665	33.00
★	改善学生课堂表现的50个方法（入选《中国教育报》“影响教师的100本书”）	9787500693536	33.00
	改善学生课堂表现的50个方法操作指南：小技巧获得大改变	9787515334783	29.00
★	优秀教师一定要知道的17件事（美国当前最有影响教育畅销书作者全新力作）	9787515342726	23.00
	美国中小学世界历史读本/世界地理读本/艺术史读本	9787515317397等	106.00
	美国语文读本1-6	9787515314624等	252.70
	和优秀教师一起读苏霍姆林斯基	9787500698401	27.00
	快速破解60个日常教学难题	9787515339320	39.90
★	美国最好的中学是怎样的——让孩子成为学习高手的乐园	9787515344713	28.00
	建立以学习共同体为导向的师生关系：让教育的复杂问题变得简单	9787515353449	33.80
	教师成长/专业素养		
★	可见的学习与深度学习：最大化学生的技能、意志力和兴奋感	9787515361116	45.00
	学生教给我的17件重要的事：带给你爱、勇气、坚持与创意的人生课堂	9787515361208	39.80
★	教师如何持续学习与精进	9787515361109	39.00
	从实习教师到优秀教师	9787515358673	39.90
	像领袖一样教学：改变学生命运，使学生变得更好（中国教育新闻网2015年度“影响教师的100本书”）	9787515355375	49.00
★	你的第一年：新教师如何生存和发展	9787515351599	33.80
	教师精力管理：让教师高效教学，学生自主学习	9787515349169	28.00
	如何使学生成为优秀的思考者和学习者：哈佛大学教育学院课堂思考解决方案	9787515348155	39.80
	反思性教学：一个已被证明能让所有教师做到最好的培训项目（30周年纪念版）	9787515347837	49.00
★	凭什么让学生服你：极具影响力的日常教育策略（中国教育新闻网2017年度“影响教师的100本书”）	9787515347554	28.00
	运用积极心理学提高学生成绩（中国教育新闻网2017年度“影响教师的100本书”）	9787515345680	39.80
	可见的学习与思维教学：成长型思维教学的54个教学资源：教学资源版	9787515354743	36.00

	书名	书号	定价
★	可见的学习与思维教学：让教学对学生可见，让学习对教师可见（中国教育报2017年度“教师最喜爱的100本书”）	9787515345000	29.80
	教学是一段旅程：成长为卓越教师你一定要知道的事	9787515344478	39.00
	安奈特·布鲁肖写给教师的101首诗	9787515340982	35.00
	万人迷老师养成宝典学习指南	9787515340784	28.00
	中小学教师职业道德培训手册：师德的定义、养成与评估	9787515340777	32.00
	成为顶尖教师的10项修炼（中国教育新闻网2015年度“影响教师的100本书”）	9787515334066	35.00
★	T. E. T. 教师效能训练：一个已被证明能让所有年龄学生做到最好的培训项目（30周年纪念版）（中国教育新闻网2015年度“影响教师的100本书”）	9787515332284	49.00
	教学需要打破常规：全世界最受欢迎的创意教学法（中国教育新闻网2015年度“影响教师的100本书”）	9787515331591	33.00
	10天卓越教师自我培训（教育家安奈特·布鲁肖顶尖卓越教师培训教材）	9787515329925	29.00
	给幼儿教师的100个创意：幼儿园班级设计与管理 / 为幼升小做准备	9787515330310等	58.00
	给小学教师的100个创意：发展思维能力	9787515327402	29.00
	给中学教师的100个创意： 如何激发学生的天赋和特长 / 杰出的教学 / 快速改善学生课堂表现	9787515330723等	87.90
	以学生为中心的翻转教学11法	9787515328386	29.00
	如何使教师保持职业激情	9787515305868	29.00
★	如何培训高效能教师：来自全美权威教师培训项目的建议	9787515324685	32.00
	良好教学效果的12试金石：每天都需要专注的事情清单	9787515326283	29.90
★	让每个学生主动参与学习的37个技巧	9787515320526	28.00
	给教师的40堂培训课：教师学习与发展的最佳实操手册	9787515352787	39.90
	提高学生学习效率的9种教学方法	9787515310954	27.80
★	优秀教师的课堂艺术：唤醒快乐积极的教学技能手册	9787515342719	26.00
★	万人迷老师养成宝典（第2版）（入选《中国教育报》“2010年影响教师的100本书”）	9787515342702	29.00
	高效能教师的9个习惯	9787500699316	23.00
	课堂教学/课堂管理		
	跨学科项目式教学：通过“+1”教学法进行计划、管理和评估	9787515361086	49.00
	课堂上最重要的56件事	9787515360775	35.00
★	全脑教学与游戏教学法	9787515360690	39.00
★	深度教学：运用苏格拉底式提问法有效开展备课设计和课堂教学	9787515360591	49.90
★	一看就会的课堂设计：三个步骤快速构建完整的课堂管理体系	9787515360584	39.90
	如何有效激发学生学习兴趣	9787515360577	38.00
	如何解决课堂上最关键的9个问题	9787515360195	49.00
	多元智能教学法：挖掘每一个学生的最大潜能	9787515359885	39.90
★	探究式教学：让学生学会思考的四个步骤	9787515359496	39.00
	课堂提问的技术与艺术	9787515358925	49.00
	如何在课堂上实现卓越的教与学	9787515358321	49.00
	基于学习风格的差异化教学	9787515358437	39.90

书名	书号	定价
★ 如何在课堂上提问：好问题胜过好答案	9787515358253	39.00
★ 高度参与的课堂：提高学生专注力的沉浸式教学	9787515357522	39.90
让学习变得有趣	9787515357782	39.00
★ 如何利用学校网络进行项目式学习和个性化学习	9787515357591	39.90
基于问题导向的互动式、启发式与探究式课堂教学法	9787515356792	49.00
如何在课堂中使用讨论：引导学生讨论式学习的60种课堂活动	9787515357027	38.00
如何在课堂中使用差异化教学	9787515357010	39.90
★ 如何在课堂中培养成长型思维	9787515356754	39.90
每一位教师都是领导者：重新定义教学领导力	9787515356518	39.90
★ 教室里的1-2-3魔法教学：美国广泛使用的从学前到八年级的有效课堂纪律管理	9787515355986	39.90
如何在课堂中使用布卢姆教育目标分类法	9787515355658	39.00
如何在课堂上使用学习评估	9787515355597	39.00
7天建立行之有效的课堂管理系统：以学生为中心的分层式正面管教	9787515355269	29.90
积极课堂：如何更好地解决课堂纪律与学生的冲突	9787515354590	38.00
设计智慧课堂：培养学生一生受用的学习习惯与思维方式	9787515352770	39.00
追求学习结果的88个经典教学设计：轻松打造学生积极参与的互动课堂	9787515353524	39.00
从备课开始的100个课堂活动设计：创造积极课堂环境和学习乐趣的教师工具包	9787515353432	33.80
老师怎么教，学生才能记得住	9787515353067	48.00
多维互动式课堂管理：50个行之有效的方法助你事半功倍	9787515353395	39.80
智能课堂设计清单：帮助教师建立一套规范程序和做事方法	9787515352985	49.90
提升学生小组合作学习的56个策略：让学生变得专注、自信、会学习	9787515352954	29.90
快速处理学生行为问题的52个方法：让学生变得自律、专注、爱学习	9787515352428	39.00
王牌教学法：罗恩·克拉克学校的创意课堂	9787515352145	39.80
让学生快速融入课堂的88个趣味游戏：让上课变得新颖、紧凑、有成效	9787515351889	39.00
★ 如何调动与激励学生：唤醒每个内在学习者（李希贵校长推荐全校教师研读）	9787515350448	39.80
合作学习技能35课：培养学生的协作能力和未来竞争力	9787515340524	45.00
基于课程标准的STEM教学设计：有趣有料有效的STEM跨学科培养教学方案	9787515349879	68.00
如何设计教学细节：好课堂是设计出来的	9787515349152	39.00
15秒课堂管理法：让上课变得有料、有趣、有秩序	9787515348490	33.80
混合式教学：技术工具辅助教学实操手册	9787515347073	39.80
从备课开始的50个创意教学法	9787515346618	29.00
中学生实现成绩突破的40个引导方法	9787515345192	33.00
给小学教师的100个简单的科学实验创意	9787515342481	39.00
老师如何提问，学生才会思考	9787515341217	33.80
教师如何提高学生小组合作学习效率	9787515340340	29.00
卓越教师的200条教学策略	9787515340401	35.00
中小学生执行力训练手册：教出高效、专注、有自信的学生	9787515335384	33.80
从课堂开始的创客教育：培养每一位学生的创造能力	9787515342047	33.00
提高学生学习专注力的8个方法：打造深度学习课堂	9787515333557	35.00

	书名	书号	定价
	改善学生学习态度的58个建议	9787515324067	25.00
★	全脑教学（中国教育新闻网2015年度“影响教师的100本书”）	9787515323169	38.00
★	全脑教学与成长型思维教学：提高学生学习力的92个课堂游戏	9787515349466	39.00
★	哈佛大学教育学院思维训练课	9787515325101	36.00
	完美结束一堂课的35个好创意	9787515325163	28.00
	如何更好地教学：优秀教师一定要知道的事（被英国教育界奉为圣经的教学用书）	9787515324609	36.00
	带着目的教与学	9787515323978	28.00
★	美国中小学生社会技能课程与活动（学前阶段/1-3年级/4-6年级/7-12年级）	9787515322537等	153.80
	彻底走出教学误区：开启轻松智能课堂管理的45个方法	9787515322285	28.00
	破解问题学生的行为密码：如何教好焦虑、逆反、孤僻、暴躁、早熟的学生	9787515322292	36.00
	13个教学难题解决手册	9787515320502	28.00
★	让学生爱上学习的165个课堂游戏	9787515319032	39.00
	美国学生游戏与素质训练手册：培养孩子合作、自尊、沟通、情商的103种教育游戏	9787515325156	36.00
	老师怎么说，学生才会听	9787515312057	28.00
	快乐教学：如何让学生积极与你互动（入选《中国教育报》“影响教师的100本书”）	9787500696087	29.00
★	老师怎么教，学生才会提问	9787515317410	29.00
★	快速改善课堂纪律的75个方法	9787515313665	28.00
★	教学可以很简单：高效能教师轻松教学7法	9787515314457	39.00
★	好老师可以避免的20个课堂错误（入选《中国教育报》“影响教师的100本图书”）	9787500688785	39.90
★	好老师应对课堂挑战的25个方法（《给教师的101条建议》作者新书）	9787500699378	25.00
★	好老师激励后进生的21个课堂技巧	9787515311838	39.80
★	开始和结束一堂课的50个好创意	9787515312071	29.80
	好老师因材施教的12个方法（美国著名教师伊莉莎白“好老师”三部曲）	9787500694847	22.00
★	如何打造高效能课堂（美国《学习》杂志“教师必选”奖，“激励教师组织”推荐书目）	9787500680666	29.00
	合理有据的教师评价：课堂评估衡量学生进步	9787515330815	29.00
	班主任工作/德育		
★	北京四中8班的教育奇迹	9787515321608	36.00
★	师德教育培训手册	9787515326627	29.80
	中小学教师职业道德培训手册：师德的定义、养成与评估	9787515340777	32.00
★	好老师征服后进生的14堂课（美国著名教师伊莉莎白“好老师”三部曲）	9787500693819	39.90
	优秀班主任的50条建议：师德教育感动读本（《中国教育报》专题推荐）	9787515305752	23.00
	学校管理/校长领导力		
★	学校管理最重要的48件事	9787515361055	39.80
	重新设计学习和教学空间：设计利于活动、游戏、学习、创造的学习环境	9787515360447	49.90
	重新设计一所好学校：简单、合理、多样化地解构和重塑现有学习空间和学校环境	9787515356129	49.00
	让樱花绽放英华	9787515355603	79.00
	学校管理者平衡时间和精力的21个方法	9787515349886	29.90
	校长引导中层和教师思考的50个问题	9787515349176	29.00
	如何定义、评估和改变学校文化	9787515340371	29.80

书名	书号	定价
优秀校长一定要做的18件事（入选《中国教育报》“2009年影响教师的100本书”）	9787515342733	26.00
学科教学/教科研		
北京四中语文课：千古文章	9787515360973	59.00
北京四中语文课：亲近经典	9787515360980	59.00
从备课开始的56个英语创意教学：快速从小白老师到名师高手	9787515359878	49.90
美国学生写作技能训练	9787515355979	39.90
《道德经》妙解、导读与分享（诵读版）	9787515351407	49.00
京沪穗江浙名校名师联手教你：如何写好中考作文	9787515356570	49.90
京沪穗江浙名校名师联手授课：如何写好高考作文	9787515356686	49.80
★ 人大附中中考作文取胜之道	9787515345567	39.80
★ 人大附中高考作文取胜之道	9787515320694	33.80
★ 人大附中学生这样学语文：走近经典名著	9787515328959	33.80
四界语文（中国教育报2017年度“教师喜爱的100本书”）	9787515348483	49.00
让小学一年级孩子爱上阅读的40个方法	9787515307589	39.90
让学生爱上数学的48个游戏	9787515326207	26.00
轻松100 课教会孩子阅读英文	9787515338781	88.00
情商教育/心理咨询		
9节课，教你读懂孩子：妙解亲子教育、青春期教育、隔代教育难题	9787515351056	39.80
★ 学生版盖洛普优势识别器（独一无二的优势测量工具）	9787515350387	169.00
与孩子好好说话（获“美国国家育儿出版物（NAPPA）金奖”，沟通圣经）	9787515350370	39.80
中小学心理教师的10项修炼	9787515309347	36.00
★ 别和青春期的孩子较劲（增订版）（入选《中国教育报》“2009年影响教师的100本书”）	9787515343075	28.00
★ 100条让孩子胜出的社交规则	9787515327648	28.00
守护孩子安全一定要知道的17个方法	9787515326405	32.00
幼儿园/学前教育		
用蒙台梭利教育法开启0～6岁男孩潜能	9787515361222	45.00
德国幼儿的自我表达课：不是孩子爱闹情绪，是她/他想说却不会说！	9787515359458	59.00
德国幼儿教育成功的秘密：近距离体验德国学前教育理念与幼儿园日常活动安排	9787515359465	49.80
美国儿童自然拼读启蒙课：至关重要的早期阅读训练系统	9787515351933	49.80
幼儿园30个大主题活动精选：让工作更轻松的整合技巧	9787515339627	39.80
★ 美国幼儿教育活动大百科：3-6岁儿童学习与发展指南用书 科学 / 艺术 / 健康与语言 / 社会	9787515324265等	600.00
蒙台梭利早期教育法：3-6岁儿童发展指南（理论版）	9787515322544	29.80
蒙台梭利儿童教育手册：3-6岁儿童发展指南（实践版）	9787515307664	25.00
★ 自由地学习：华德福的幼儿园教育	9787515328300	29.90
赞美你：奥巴马给女儿的信	9787515303222	19.90
史上最接地气的幼儿书单	9787515329185	39.80
教育主张/教育视野		
终身学习：让学生在未来拥有不可替代的决胜力	9787515360560	49.90

	书名	书号	定价
	颠覆性思维：为什么我们的阅读方式很重要	9787515360393	39.90
	如何教学生阅读与思考：每位教师都需要的阅读训练手册	9787515359472	39.00
	“互联网+”时代，如何做一名成长型教师	9787515340302	29.90
	教出阅读力	9787515352800	39.90
	为学生赋能：当学生自己掌控学习时，会发生什么	9787515352848	33.00
	如何用设计思维创意教学：风靡全球的创造力培养方法	9787515352367	39.80
	如何发现孩子：实践蒙台梭利解放天性的趣味游戏	9787515325750	32.00
	如何学习：用更短的时间达到更佳效果和更好成绩	9787515349084	49.00
	教师和家长共同培养卓越学生的10个策略	9787515331355	27.00
★	如何阅读：一个已被证实的低投入高回报的学习方法	9787515346847	39.00
★	芬兰教育全球第一的秘密（钻石版）（《中国教育报》等主流媒体专题推荐，台湾地区教育类畅销书榜第一名）	9787515359922	59.00
	世界最好的教育给父母和教师的45堂必修课（《芬兰教育全球第一的秘密》2）	9787515342696	28.00
★	杰出青少年的7个习惯（精英版）（中小学图书馆推荐书目、中国青少年必读书目）	9787515342672	39.00
	杰出青少年的7个习惯（成长版）	9787515335155	29.00
★	杰出青少年的6个决定（领袖版）（中小学图书馆推荐书目、中国青少年必读书目、全国优秀出版物奖）	9787515342658	28.00
★	7个习惯教出优秀学生（第2版）（全球第一畅销书《高效能人士的七个习惯》教师版）	9787515342573	39.90
	学习的科学：如何学习得更好更快（入选中国教育网2016年度“影响教师的100本书”）	9787515341767	39.80
	杰出青少年构建内心世界的5个坐标（中国青少年成长公开课）	9787515314952	59.00
★	跳出教育的盒子（第2版）（美国中小学教学经典畅销书）	9787515344676	35.00
	夏烈教授给高中生的19场讲座（入选《中国教育报》“2013年最受教师欢迎的100本书”）	9787515318813	29.90
★	学习之道：美国公认经典学习书	9787515342641	39.00
★	翻转学习：如何更好地实践翻转课堂与慕课教学（中国教育新闻网2015年度“影响教师的100本书”）	9787515334837	32.00
★	翻转课堂与慕课教学：一场正在到来的教育变革	9787515328232	26.00
	翻转课堂与混合式教学：互联网+时代，教育变革的最佳解决方案	9787515349022	29.80
	翻转课堂与深度学习：人工智能时代，以学生为中心的智慧教学	9787515351582	29.80
★	奇迹学校：震撼美国教育界的教学传奇（中国教育新闻网2015年度“影响教师的100本书”）	9787515327044	36.00
★	学校是一段旅程：华德福教师1-8年级教学手记	9787515327945	32.00
★	高效能人士的七个习惯（30周年纪念版）（全球畅销书）	9787515360430	79.00

您可以通过如下途径购买：

1. 书　　店：各地新华书店、教育书店。
2. 网上书店：当当网（www.dangdang.com）、亚马逊中国网（www.amazon.cn）、天猫（zqwts.tmall.com）京东网（www.360buy.com）。
3. 团　　购：各地教育部门、学校、教师培训机构、图书馆团购，可享受特别优惠。

购书热线：010-65511270 / 65516873